Hallwag
Taschenbuch

57
Zoologie

Muscheln am Meer

Schnecken und Muscheln
der Nordsee-, Atlantik-
und Mittelmeerküsten

Josette Arrecgros-Déjean

Hallwag Verlag
Bern und Stuttgart

Umschlagfoto: Siegfried Eigstler

Alle deutsche Rechte
Hallwag AG Bern
7. Auflage, 1976
© 1958 Editions Payot,
Lausanne
ISBN 0 444 50053 X

Inhalt

- 4 Ein paar Grundbegriffe über Schnecken und Muscheln
- 6 Versuch einer Klassifizierung der Schnecken nach dem Gehäuse
- 7 Versuch einer Klassifizierung der Muscheln nach den Schalenklappen
- 9 Kennzeichen, die wir beim Bestimmen beachten müssen
- 10 Hinweise für den angehenden Sammler
- 11 Verwendungsmöglichkeiten
- 12 Beschreibung der bekanntesten Meerschnecken
- 30 Beschreibung der bekanntesten Muscheln
- 61 Verzeichnis der Arten
- 63 Verzeichnis der Familien

Ein paar Grundbegriffe über Schnecken und Muscheln

Wir nehmen uns hier nur die häufigeren Schnecken und Muscheln vor. Die seltenen Arten, ebenso Weichtiere, die für den nichtwissenschaftlichen Sammler kaum in Frage kommen, beziehen wir nicht mehr ein.
Jedermann kennt die Schnecke mit ihrem spiraligen Kalkgehäuse, aus dem ein weicher Körper tritt, dessen Bauchseite eine fleischige und muskulöse Kriechplatte einnimmt. Die Kalkschale, das Gehäuse, ist vom Körper durch die Körperhaut, den Mantel, getrennt.
Die Schnecke gehört zu den Weichtieren oder Mollusken.

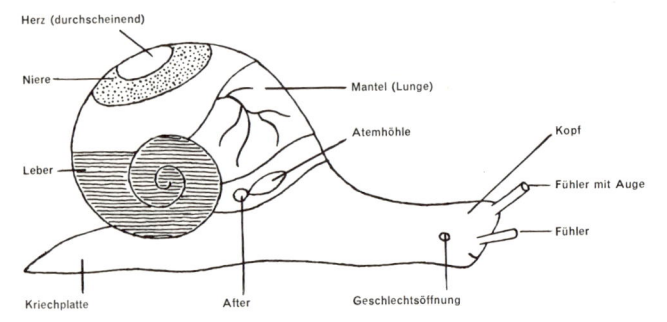

Land-Lungenschnecke ohne Gehäuse

Gehäuse oder Schale: in einem Stück.
Körper: deutlich ausgebildeter Kopf; muskulöse Kriechplatte an der Bauchseite; Lungen oder bei den zur gleichen Ordnung gehörenden Meerschnecken gefiederte Kiemen mit einem frei ins Wasser ragenden Atemschlauch.

Die Schnecke gehört zur Ordnung der Gastropoden (Gastropoda = Bauchfüßler).

Betrachten wir nun eine Muschel mit ihrem aus zwei Teilen, Schalenklappen, bestehenden Kalkgehäuse, so sehen wir, daß auch sie einen weichen Körper besitzt wie die Schnecke: sie gehört ebenfalls zu den Weichtieren. Doch Schnecke und Muschel weisen wichtige Unterschiede auf, nach denen man sie in zwei Ordnungen einteilt: die Gastropoden und die Lamellibranchiaten. Die Skizzen der Seiten 4 und 5 machen die Unterschiede klar.

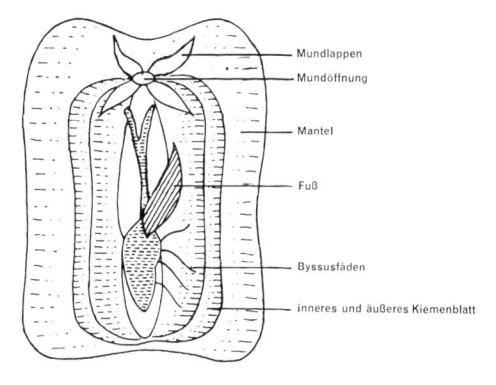

Beschriftungen: Mundlappen — Mundöffnung — Mantel — Fuß — Byssusfäden — inneres und äußeres Kiemenblatt

Muschel ohne Schalenklappen
(mit ausgebreitetem Mantel und Kiemenblättern)

Gehäuse: zweiteilig, Schalenklappen.
Körper: kein eigentlicher Kopf. Kleiner, abgeplatteter, beilförmiger Fuß. Blattförmige Kiemen.

Die Muschel gehört zur Ordnung der Lamellibranchiaten (lamella = Blättchen, branchia = Kiemen, Blattkiemer).

Versuch einer Klassifizierung der Schnecken nach dem Gehäuse[1]

Schema	Gehäuseform	Familie	Seite
	Rohr, mehr oder weniger gewunden	Vermetidae	12
Öffnung	ausgeweiteter Kegel mit Öffnung an der Spitze	Fissurellidae	12
	ausgeweiteter Kegel ohne Öffnung	Patellidae	12, 14
	Kegel mit schwach ausgezogener Spitze	Capulidae	14
	mehr oder weniger spiralförmiges Gehäuse ohne Spitze. Mündung nimmt die ganze Längsseite des Gehäuses ein	Cypraeidae Marginellidae Scaphandridae Bullidae	14 14 16 16
	Gehäuse in Form einer Ohrmuschel oder mit spiraligen Windungen und runder Mündung	Haliotidae Trochidae Turbinidae Eulimidae Scalidae Naticidae Truncatellidae Rissoidae Littorinidae Turritellidae	16 16, 18 20 20 20 20 22 22 22 22
Rinne für den Atemschlauch	Spiralig gewundenes Gehäuse. An der Mündung Rinne für den Atemschlauch	Apporrhaidae Cerithiidae Doliidae Cassidae Tritonidae Muricidae Nassidae Columbellidae Buccinidae Fasciolariidae Mitridae Conidae Cancellariidae Turridae Acteonidae	22 22 24 24 24 24, 26 26 26 28 28 28 28 28 28 28

[1] Nach «La Faune de France», von Remy-Perrier

Versuch einer Klassifizierung der Muscheln nach den Schalenklappen

Schema	Schalenform und Schließmuskeleindrücke in den Schalenklappen	Familie	Seite
vorderer Schließmuskel / hinterer Schließmuskel	Zwei gleiche Schließmuskeleindrücke, ohne Mantelbucht	Nuculidae Arcidae Isocardiidae Lucinidae Astartidae Chamidae Carditidae Cardiidae	30 30 32 32 32 34 34 34, 36
Mantelbucht	Zwei gleiche oder nur leicht verschiedene Schließmuskeleindrücke, mit Mantelbucht	Veneridae Petricolidae Donacidae Tellinidae Asaphidae Mactridae Myidae Saxicavidae Scrobiculariidae Thraciidae Pandoridae	36, 38, 40 40 40 42 42 44, 46 46, 48 48 48 48 48
verminderter vorderer Schließmuskel / hinterer Schließmuskel	Zwei Schließmuskeleindrücke sehr verschiedener Größe oder sogar nur noch Eindruck des vorderen Schließmuskels	Solenidae Pholadidae Gastrochaenidae Teredinidae Pinnidae Pteriidae Mytilidae Pectinidae Spondylidae Limidae Ostreidae Anomiidae	50 52 52 52 52 54 54 56 58 58 58 58

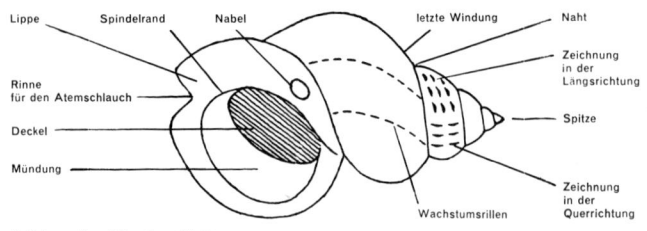

A Schema eines Schneckengehäuses

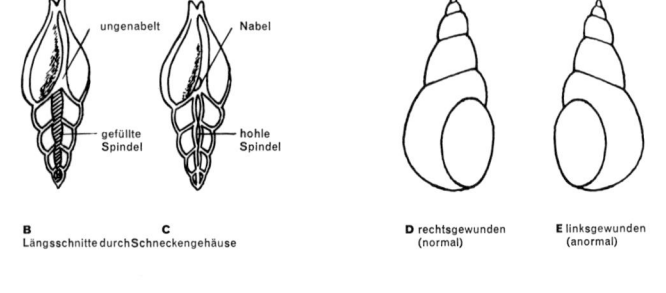

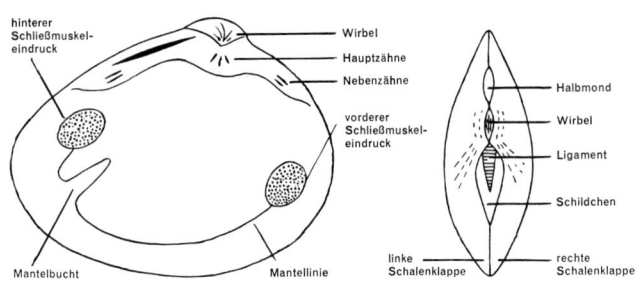

Labels: Lippe, Spindelrand, Nabel, letzte Windung, Naht, Zeichnung in der Längsrichtung, Rinne für den Atemschlauch, Deckel, Mündung, Spitze, Zeichnung in der Querrichtung, Wachstumsrillen

B **C** Längsschnitte durch Schneckengehäuse

Labels: ungenabelt, Nabel, gefüllte Spindel, hohle Spindel

D rechtsgewunden (normal)

E linksgewunden (anormal)

F linke Schalenklappe einer Muschel, Innenseite

Labels: hinterer Schließmuskeleindruck, Wirbel, Hauptzähne, Nebenzähne, vorderer Schließmuskeleindruck, Mantelbucht, Mantellinie

G Schalenklappen einer Muschel, Seite des Wirbels

Labels: Halbmond, Wirbel, Ligament, Schildchen, linke Schalenklappe, rechte Schalenklappe

Kennzeichen, die wir beim Bestimmen beachten müssen

a) Schneckengehäuse:
1. Kalkschale aus einem Stück, bei manchen Exemplaren in frischem Zustand von einer Außenhaut überzogen (A).
2. Gewöhnlich spiralig gewunden. Gehäuse mit der Spitze nach oben, Mündung gegen sich betrachten. Mündung rechts = rechtsgewundenes Gehäuse (häufig) (D). Mündung links = linksgewundenes Gehäuse (seltener) (E).
3. Die Anzahl der Windungen ist verschieden. Die Spitze ist die erste Windung; die letzte oder jüngste endet an der Mündung, die rund oder mit einer Rinne für den Atemschlauch versehen ist.
4. Die Achse, um die sich die Windungen legen, heißt Spindel: ist sie hohl, so besitzt das Gehäuse an der Unterseite eine Öffnung, Nabel genannt (C). Ist sie gefüllt, so nennt man das Gehäuse ungenabelt (B). An der Mündung unterscheidet man die Lippe (auswärts gewölbt) und den Spindelrand (einwärts gewölbt).
5. Die Windungen der Spirale setzen sich durch eine Furche, die Naht, voneinander ab.
6. Die Wachstumsrillen (allmähliche Vergrößerung der Spirale) parallel zur Lippe.
7. Zeichnung (Rippen, Bänder, Höcker usw.) in der Quer- und Längsrichtung.
8. Das Gehäuse ist manchmal durch einen Kalk- oder Horndeckel verschlossen.

b) Muschelschalen:
1. Kalkgehäuse, aus zwei Schalenklappen bestehend, der rechten und der linken. Sie können gleichklappig oder ungleich sein (F).
2. Die Spitzen der Schalen nennt man Wirbel (G); die Öffnung vor dem Wirbel Halbmond, diejenige hinter dem Wirbel Schildchen.
3. Das die beiden Klappen vereinende Stück nennt man Scharnier; das Ligament kann sich ebenso inwendig wie außerhalb befinden.
4. Außenseite der Schalen: von einer Außenhaut überzogen; Wachstumsrillen konzentrisch vom Wirbel ausgehend; Zeichnung (Rippen, Riefen usw.) konzentrisch oder strahlig.
5. Innenseite der Schalen: Zähne: Erhöhungen, durch die beide Schalen ineinandergreifen; Hauptzähne unter dem Wirbel, Nebenzähne in etwas Abstand. Nach Anzahl und Anordnung der Zähne wird die Art bestimmt. Eindrücke des weichen Tierkörpers: vorderer und hinterer Schließmuskel; Mantellinie, die oft eine Kerbe aufweist (Mantelbucht), wenn das Tier Atemschläuche (Siphonen) besaß.
6. Unterscheiden der rechten und linken Schale: Feststellen, was hinten und was vorne ist: a) eine allenfalls vorhandene Mantelbucht ist immer hinten; b) befindet sich das Ligament nur auf einer Seite, dann ist dies immer hinten; c) ist nur ein Schließmuskel festzustellen, dann ist es stets der hintere; d) der Wirbel ist oft nach vorne gerichtet.

Hinweise für den angehenden Sammler

Fundort: Bei Ebbe an den verschiedensten Stellen, auf dem Sand, auf und zwischen Felsen, zwischen den Algen usw. Frage die Fischer nach Muscheln oder Schnecken, die mit in ihre Netze oder in die Garnelenkörbe gerieten. Beschau dir auf dem Fischmarkt die Stände; man findet dort die bekannten eßbaren Muscheln, die für gewisse Gegenden aber eine Besonderheit bedeuten können.

Das Präparieren: Befindet sich das Tier noch in der Schale, so lege sie einige Minuten in kochendes Wasser, darnach ziehe den Körper mit einer Pinzette sorgfältig heraus; Muschel gut reinigen und trocknen (am Schatten, da das Sonnenlicht die Farben zerstört). Den Deckel des Schneckengehäuses aufbewahren, wenn einer vorhanden ist. In diesem Fall wird das Gehäuse mit Watte verstopft und der Deckel an der Mündung aufgeklebt.

Bestimmung der Arten: Nach den Farbtafeln und den gegenüberstehenden Erklärungen. Das Studium der Seiten 4–9 wird die Arbeit ebenfalls erleichtern.

Aufbewahren der Einzelstücke: Kleine, zerbrechliche Arten in Glasröhrchen, die andern in verschiedenen Schachteln. Man kann sie auch auf dicke Kartonstücke oder Glasplatten kleben, und zwar

die Muschelschalen:
    linke Schalenklappe links
    rechte Schalenklappe rechts
    Wirbel oben
    Mantellinie unten
    eine Schale mit Außenseite nach oben
    eine Schale mit Innenseite nach oben
die Schneckengehäuse:
    ein Exemplar mit der Mündung nach oben
    ein Exemplar mit den Windungen nach oben
    Spitze unten
    Mündung oben

Die Glasplatte oder das Kartonstück wird mit einem Etikett versehen, das in der bezeichneten Reihenfolge die Ordnung, die Familie, den lateinischen Namen, den Namen des Naturforschers, der die Art bestimmt hat, die deutsche Bezeichnung und den Fundort enthält.

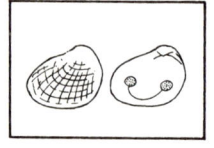

Anordnung eines Muschelschalenpaares

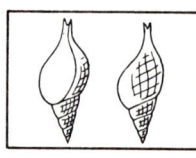

Anordnung von Schneckengehäusen

Beispiel für Beschriftung

Verwendungsmöglichkeiten

Verschiedene Gehäuse und Schalen lassen sich auf hübsche Weise verwenden, vor allem die perlmutternen regen unsere Phantasie an. So kann man die schönen Meerohren mit ihrer kunstvollen Form und dem perlmutternen Innern zu Aschenbechern gestalten. Klebt man die Schale auf einen Kiesel oder ein lebhaft getöntes Gesteinsstück, so bereiten die Löcher in der Schale keine Schwierigkeiten. Auch Klaffmuscheln und Venusmuscheln eignen sich als hübsche Aschenbecher. Zuerst werden sie gesäubert, dann kann man sie, damit sie frischer wirken, noch mit einem farblosen Lack überziehen. Tuschzeichnungen auf der Innenseite lassen sie ganz besonders schmuck aussehen. An Küstenbadeorten werden Halsketten und Ohrgehänge aus kleinen perlmutternen Schneckengehäusen verkauft. Es sind Kreiselschnecken. Die Gehäuse werden zuerst in Salzsäure eingelegt, die das trübe Außenhäutchen wegätzt und die Perlmutter hervortreten läßt. Man kann sie auch selbst präparieren. Dazu verwendet man eine 10%ige Salzsäurelösung (gefährlich, mit großer Vorsicht handhaben!), schütte aber unbedingt die Säure in das zuerst bereitgestellte Wasser, nie umgekehrt, denn die Wirkung kann uns bei umgekehrtem Vorgehen das Augenlicht kosten! Kaum hat man die Gehäuse in die Lösung gelegt, erscheint auch schon die Perlmutter. Der Vorgang muß sorgfältig überwacht werden, damit nicht auch die Perlmutter von der Säure zerstört wird. Nachher waschen wir die Gehäuse unter stark fließendem Wasser, lassen sie trocknen und glänzen sie mit farblosem Lack. Soll ein Halsband entstehen, so bohren wir mit einem feinen Bohrer ein Löchlein in den Mündungsrand, damit die Gehäuse aufgereiht werden können. Dicke Muschelschalen lassen sich, auf einen Untersatz geklebt, als Salzgefäße verwenden, die Schalen der Jakobäermuschel als Anrichteplättchen für Schalentiere und Hors-d'œuvres. Aus den leichten, perlmutternen Schalen der Zwiebelmuscheln werden künstliche Blumen gearbeitet.
Doch sei es der Phantasie jedes einzelnen überlassen, neue Anwendungsmöglichkeiten zu finden, die unbegrenzt sind.

Schnecken

Wurmschnecken, Vermetidae. Mehr oder weniger unregelmäßiges, röhrenförmiges Gehäuse. Ausschließlich im Mittelmeer.
Nicht mit den Kalkröhren gewisser Meerwürmer, den Röhrenwürmern, zu verwechseln. Das Gehäuse der Wurmschnecken unterscheidet sich von den Röhren der Röhrenwürmer dadurch, daß die ersten Umgänge immer spiralig gewunden sind, ferner durch die gewölbten innern Scheidewände und im allgemeinen durch Längsrillen oder durch Schuppen an der Innenseite.

1 **Dreieckige Wurmschnecke,** Vermetus triqueter Bivona. Röhrchen in mehr oder weniger dreieckigen Abschnitten, oft mit erhabener Rückenlinie; 4–10 mm Durchmesser. Haftet an Steinen oder Muscheln. Mittelmeer. Häufig.

2 **Geballte Wurmschnecke,** Vermetus glomeratus L. Kleines, spiralig gewundenes, einheitlich braunes Röhrchen; 2–3 mm Durchmesser. Lebt frei oder haftet an Muscheln. Mittelmeer. Ziemlich selten.

Lochschnecken, Fissurellidae. Kegelförmiges Gehäuse, an dessen Spitze ein Loch oder ein länglicher Spalt.

3 **Netzförmige Lochschnecke,** Fissurella reticulata da Costa. Ovale, niedere Schale von 9–25 mm Größe; Längsrippen von Querrippen durchschnitten. Unter Steinen. Nordsee, Atlantik, Mittelmeer. Ziemlich häufig.

4 **Ausschnittschnecke,** Emarginula elongata O. G. Costa. Spitze der Schale nach hinten gebogen; Längsspalt an der hintern Seite; 8–10 mm groß. Mittelmeer. Ziemlich selten.
Es gibt noch mehrere Arten Lochschnecken oder Ausschnittschnecken, da ihre Bestimmung jedoch sehr schwer ist, beschränken wir uns auf diese beiden.

Napfschnecken, Patellidae. Schale in Form eines flachen Kegels; Spitze nicht durchbrochen; ohne Kalkplättchen an der Innenseite.

5 **Gemeine Napfschnecke,** Patella vulgata L. Eßbar. Dicke Schale; Spitze fast in der Mitte; 30–40 mm Durchmesser; 20–25 mm hoch; zahlreiche unregelmäßige, strahlige Rippen. Haftet an Steinen. Nordsee, Atlantik. Sehr häufig.

6 **Blaue Napfschnecke,** Patella coerulea L. Eßbar. Im allgemeinen gleiche Form wie vorige, jedoch dünnere, sehr flache Schale; feinere strahlige Rippen; blau irisierend. Haftet an Steinen. Mittelmeer. Sehr häufig.

7 **Mittlere Napfschnecke,** Patella intermedia Jeffreys. Eßbar. Höhe der Schale zwischen derjenigen von 5 und 6; strahlige, höckrige Rippen von rotgelbem Weiß. Haftet an Steinen. Atlantik (besonders Golf von Biscaya), sehr häufig. Im Mittelmeer die Patella lusitanica mit schwarzer Punktierung.

8, 9, 10, 11 siehe Seite 14.

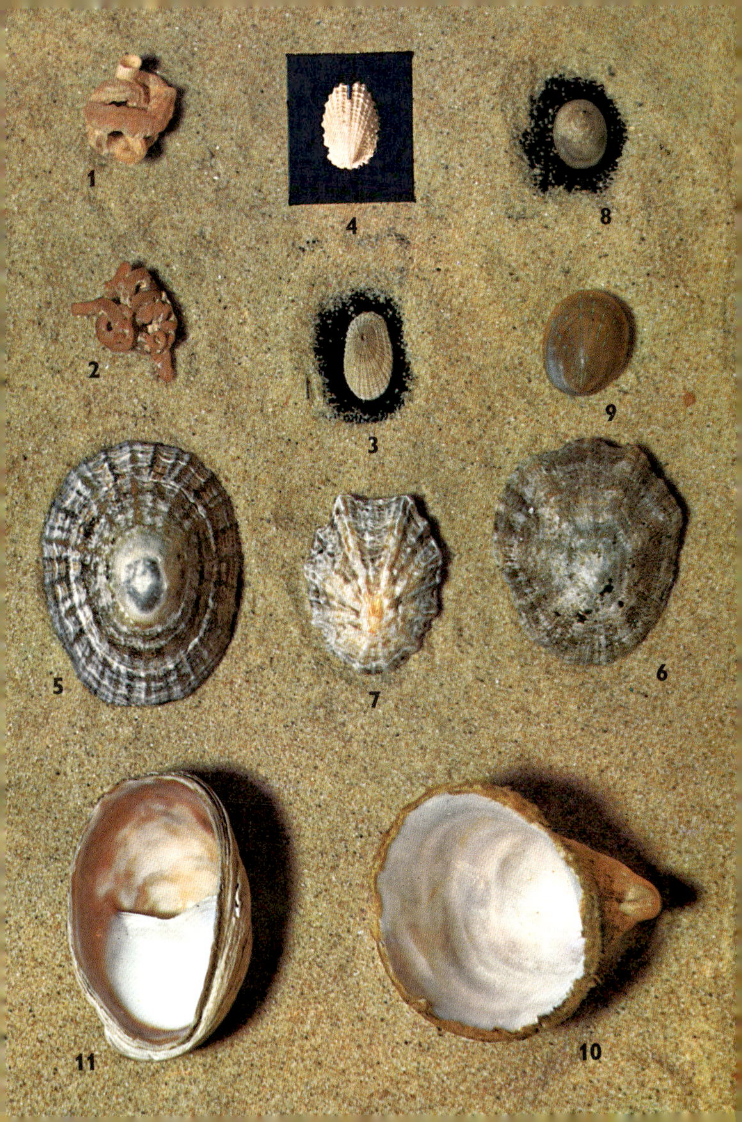
1
4
8
2
3
9
5
7
6
11
10

8 **Jungfräuliche Napfschnecke,** Acmaea virginea Müll. Kleine, dünne Schale, weißlich oder rosa; 10 mm groß; Spitze nicht in der Mitte. Unter Steinen. Nordsee, Atlantik. Häufig.
9 **Durchscheinende Häubchenschnecke,** Helcion pellucidus L. Spitze nicht in der Mitte, stark umgebogen; 15–20 mm groß; braun, fein blau gerieft. Nordsee, Atlantik. Häufig.

Kappenschnecken Capulidae. Schale von der Form einer phrygischen Mütze.
10 **Ungarkappe,** Capulus hungaricus L. Schale von gelber, samtener Haut überzogen; 30–40 mm Durchmesser. Lebt auf Muscheln. Nordsee, Atlantik, Mittelmeer. Ziemlich häufig.
11 **Pantoffelschnecke,** Crepidula fornicata L. Schale ähnlich wie vorige, unterscheidet sich jedoch durch eine vorspringende Kalkplatte im Innern der Mündung; 30–40 mm Durchmesser. Haftet an den Schalen der Miesmuschel. Nordsee, Atlantik. Ziemlich selten.
12 **Fingernagel,** Crepidula unguiformis Lk. Schale sehr abgeflacht; Kalkplatte im Innern der Mündung; 20–25 mm groß. Mittelmeer. Ziemlich selten.
13 **Chinahaube,** Calyptrea chinensis L. Spitze in der Mitte sehr abgeflacht; 20 mm Durchmesser. Haftet an Muschelschalen. Nordsee, Atlantik, Mittelmeer. Häufig.

Porzellanschnecken, Cypraeidae. Mehr oder weniger spiralige Schale ohne Spitze; gerader Spalt in der ganzen Länge.
14 **Birnporzellane,** Cypraea pyrum Gm. Fahlrot getönt und leuchtendbraun geflammt; 40 mm groß. Mittelmeer. Selten.
15 **Braune Maus,** Cypraea lurida L. Trüber getönt als vorige; 25–30 mm groß. Mittelmeer. Selten.
16 **Europäische Kerfe,** Trivia europaea Mtg. Schale nur 8–12 mm groß, graurosa, oft mit braunen Flecken; fein gerieft; sehr schartige Mündung. Nordsee, Atlantik, Mittelmeer. Ziemlich häufig.
17 **Weißes Vogelei,** Pseudosinarica adriatica Sow. Schale dünn, weißlich, eiförmig; 20–25 mm. Mittelmeer. Selten.
18 **Rotes Vogelei,** Pseudosinarica carnea Poiret. Kleiner als vorige, 10–15 mm; hellrosa. Mittelmeer. Selten.

Randschnecken, Marginellidae. Konisches Gehäuse.
19 **Hirsekorn,** Marginella miliaria L. Schale in Form eines Hirsekorns; 7 mm groß. Mittelmeer. Ziemlich häufig.

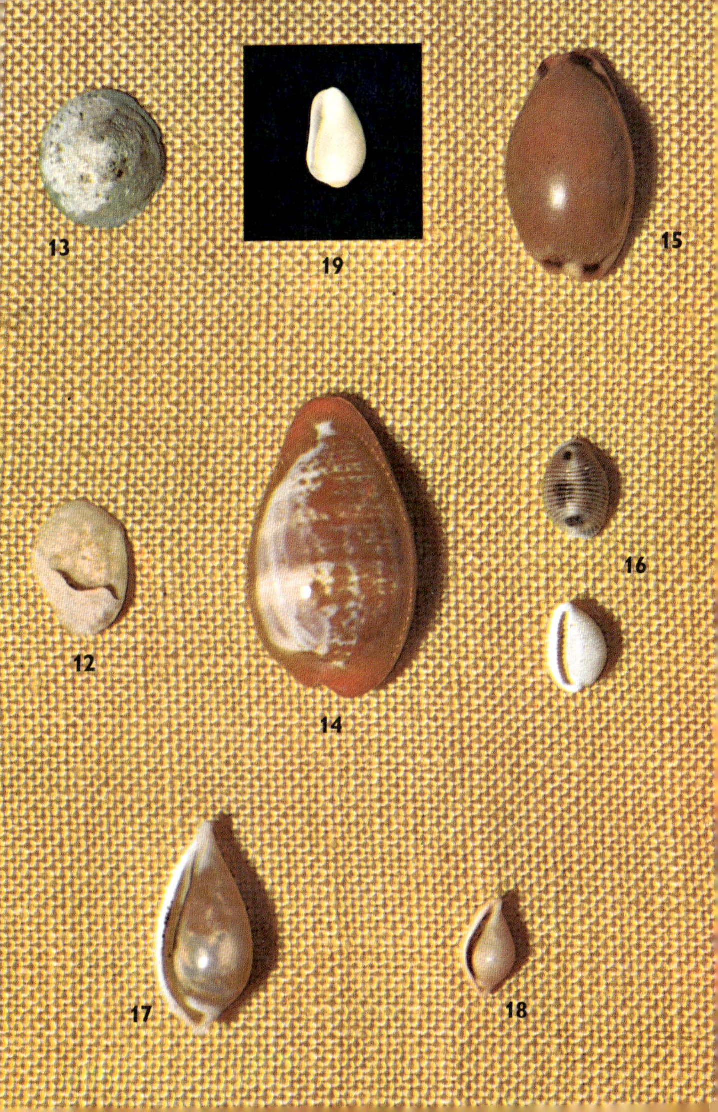
13
19
15
14
16
12
17
18

Bootschnecken, Scaphandridae. Schale teilweise vom Mantelumschlag des Weichtieres überdeckt.
20 **Holzboot,** Scaphander lignarius L. Gehäuse von der Form eines gelbbraunen Hörnchens. Höhe 7 cm. Atlantik, Mittelmeer. Ziemlich häufig.

Blasenschnecken, Bullidae. Wie bei den Bootschnecken wird die Schale zum Teil vom Mantelumschlag überdeckt.
21 **Gestreifte Blasenschnecke,** Bulla striata Brug. Gleiche Form wie Holzboot, jedoch nur 20–30 mm hoch; grau marmoriert mit dunkleren Flecken. Mittelmeer. Selten.
22 **Blasenschiff,** Haminea navicula da Costa. Gehäuse dünn, zerbrechlich; 25 mm hoch; hellbraun; Mündung nach vorne erweitert. Nordsee, Atlantik, Mittelmeer. Selten.

Meerohren, Haliotidae. Schale spiralig, ohrförmig, Innenseite perlmuttern.
23 **Grünes Meerohr,** Haliotis tuberculata L. Essbar. 6–8 cm großes Perlmuttergehäuse; dem linken Rand entlang eine Reihe von Löchern (5–6, die hintern angedeutet); braune und grünrote Außenhaut; an der Außenseite mehr oder weniger knotige Plättchen; Innenseite stark perlmuttern, sehr schön irisierend. Haftet unter Steinen. Nordsee, Atlantik. Ziemlich häufig. Im Mittelmeer kleinere Art mit ausgeprägteren Plättchen.

Nächste Tafel:

Kreiselschnecken, Trochidae. Spiraliges Gehäuse mit runder, oft perlmutterner Mündung.
24 **Linierter Turban,** Monodonta lineata da Costa. Gehäuse plump, grau, schief dunkel gebändert; ungenabelt; 15–25 mm Durchmesser. Lebt an Felsen. Nordsee, Atlantik. Sehr häufig.
25 **Würfelturban,** Monodonta turbinata Born. Form ähnlich wie 24, jedoch deutlichere violette Flecken; 20–25 mm Durchmesser. An Felsen. Mittelmeer. Sehr häufig.
26 **Fleckenturban,** Monodonta articulata Lamck. Gehäuseform wie die beiden vorigen, jedoch mit deutlich abgesetzten roten Flecken gebändert; 20 mm Durchmesser. An Felsen. Mittelmeer. Häufig.
27 **Zauberbuckel,** Gibbula magus L. Höcker auf den Windungen des Gehäuses; Nabel; bezeichnende Tönung mit roten Flammen; 20–30 mm Durchmesser. Lebt im Sand. Nordsee, Atlantik. Mittelmeer. Häufig.

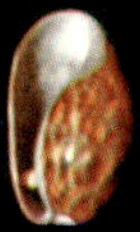
21

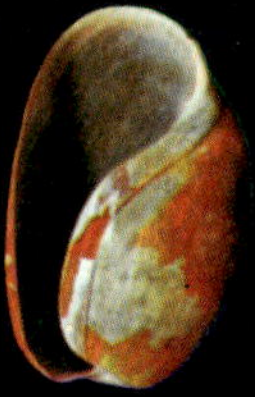
22

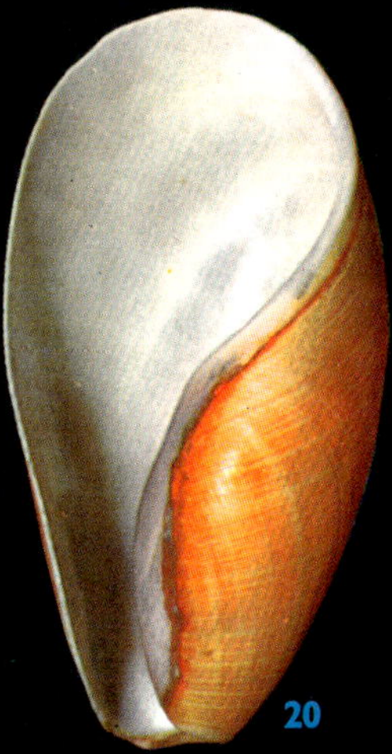
20

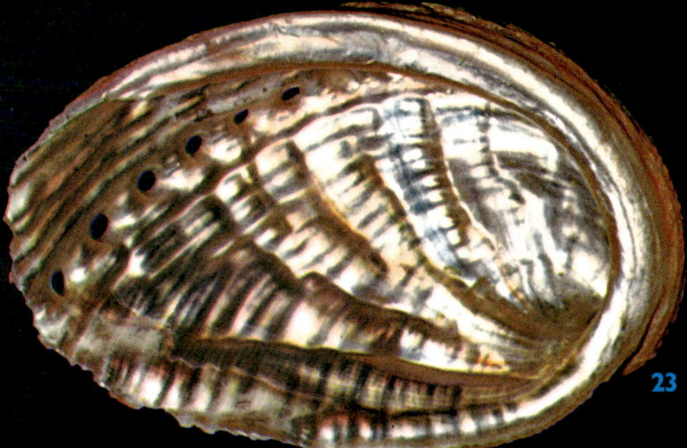
23

24, 25, 26, 27 auf Seite 16.

28 Gemeine Buckelschnecke, Gibbula divaricata L. Gehäuse mit kleinen, auseinanderstrebenden roten Punkten auf grünlichem Grund; verminderter oder kein Nabel; 15–18 mm Durchmesser. Mittelmeer. Sehr häufig.

29 Richards Buckelschnecke, Gibbula Richardi Payr. Gehäuse orange getupft, besonders unten; letzte Windung sehr groß; 15–20 mm Durchmesser. Mittelmeer. Häufig.

30 Bunte Buckelschnecke, Gibbula varia L. Sehr veränderliche Gehäuseformen; oft schief grau geflammt; 10–15 mm Durchmesser. Mittelmeer. Sehr häufig.

31 Genabelte Buckelschnecke, Gibbula umbilicalis da Costa. Gehäuse violett geflammt, Flammen deutlich, breit und weiträumig abgesetzt; Mündung schief; 15–20 mm Durchmesser. Nordsee, Atlantik. Sehr häufig.

32 Aschfarbene Buckelschnecke, Gibbula cineraria L. Gehäuse ähnlich der vorigen, jedoch mit höherer Spirale; fein schwarz schief gebändert. Nordsee, Atlantik. Häufig.

33 Adansons Buckelschnecke, Gibbula Adansoni Payr. Gehäuse klein, höher als breit; braun, mit weissen Flämmchen; 10 mm Durchmesser. Mittelmeer. Häufig.

34 Jujubenkreisel, Calliostoma zizyphinum L. Großes, kegelförmiges, spitzes Gehäuse mit nichtgekörnelten Längsbändern und hellroten Tupfen; 25–30 mm Durchmesser. Nordsee, Atlantik, Mittelmeer. Sehr häufig.

35 Gekörnelter Jujubenkreisel, Calliostoma granulatum Born. Gehäuse sehr ähnlich dem vorigen, jedoch feiner gebändert und gekörnelt; 30 mm Durchmesser. Nordsee, Atlantik, Mittelmeer. Häufig.

36 Rauher Jujubenkreisel, Jujubinus exasperatus Penn. Gehäuse sehr klein, lebhaft hellrot, mit sehr fein gekörnelten Bändern; 5–7 mm Durchmesser. Nordsee, Atlantik, Mittelmeer. Sehr häufig.

37 Gestreifter Jujubenkreisel, Jujubinus striatus L. Kleines Gehäuse mit leicht gewölbten Windungen und feinen glatten Längsstreifen; 8–10 mm Durchmesser. Nordsee, Atlantik, Mittelmeer. Ziemlich selten.

38 Korallenvielzahn, Clanculus corallinus Gm. Kleines, korallenrotes Gehäuse mit Doppelzahn an der Basis der Spindel; 10 mm Durchmesser. Mittelmeer. Ziemlich selten.

39 Kreuzvielzahn, Clanculus cruciatus L. Gehäuse ähnlich dem vorigen, jedoch mit einfachem Zahn an der Basis der Spindel; rostbraun, manchmal weiß geflammt; 10 mm Durchmesser. Mittelmeer. Ziemlich selten.

40 Jussieus Vielzahn, Clanculus Jussieui Payr. Gehäuse ähnlich wie 38 und 39, jedoch mit feinen, grauen, schiefen Flammen in regelmäßigen Abständen; 14 mm Durchmesser. Mittelmeer. Ziemlich selten.

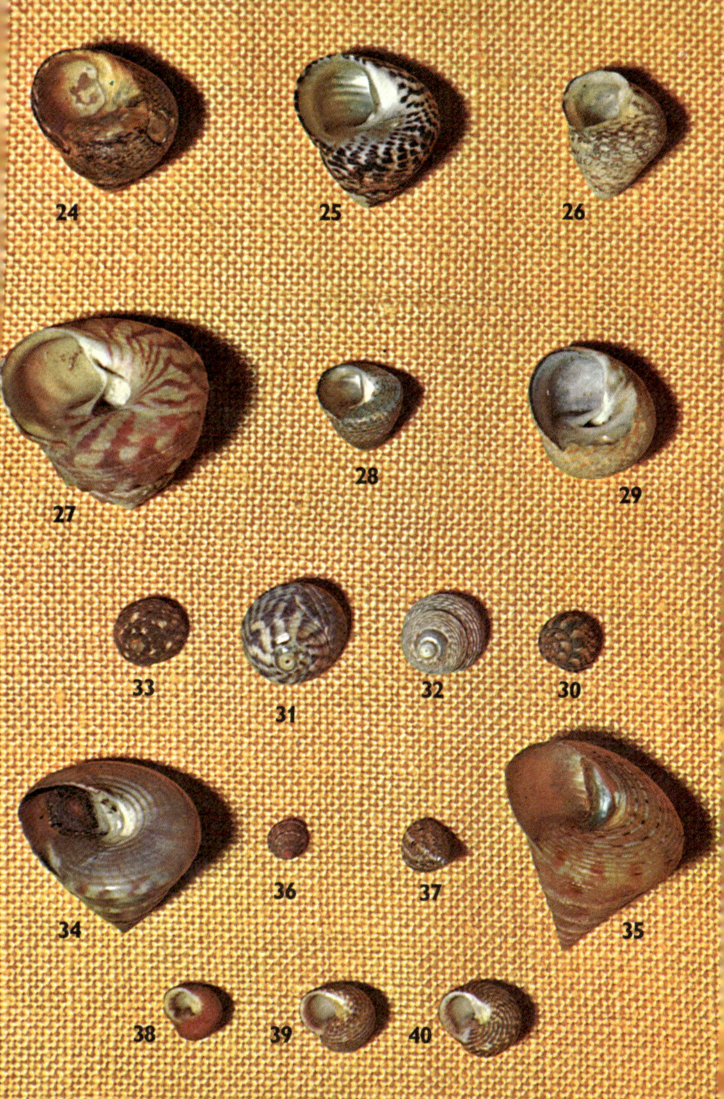
24
25
26
27
28
29
33
31
32
30
34
36
37
35
38
39
40

Rundmundschnecken, Turbini dae. Gehäuse spiralig, mit runder Mündung.
41 **Roter Runzelstern,** Astraea rugosa L. Dicke Schale mit Höckern oder Stacheln; 30–40 mm Durchmesser. Golf von Biskaya, Mittelmeer. Ziemlich selten.
42 **Blutroter Rundmund,** Homalopoma sanguinea L. Gehäuse klein, lebhaft rot, ebenso hoch wie breit, mit breiten Längsrippen; 8 mm Durchmesser. Mittelmeer. Ziemlich selten.
43a **Fasanküken,** Phasianella pullus L. Gehäuse klein, mit spitzer Spirale, braun gefleckt auf rosa Grund; 5–8 mm. Unter Algen. Nordsee, Atlantik. Sehr häufig.
43b Noch spitzere Abart. Mittelmeer.

Stielchenschnecken, Eulimidae. Schale klein, glatt, hochgewunden, spitzig.
44 **Pfriemschnecke,** Eulima subulata Donovan. Schale falb, oft mit dunkleren Flecken; 7–8 mm. Mittelmeer. Ziemlich selten.
45 **Krummstielschnecke,** Eulima incurva Renieri. Sehr kleines, gebogenes Gehäuse, weiß; 2–3 mm. Nordsee, Atlantik, Mittelmeer. Ziemlich selten.

Wendeltreppen, Scalidae. Gehäuse turmförmig, mit vielen Windungen und runder Mündung, genabelt.
46 **Wendeltreppe,** Scala clathrus L. Gehäuse blaßviolett mit breiten, regelmäßig angeordneten schiefen Rippen; 3 cm hoch. Nordsee, Atlantik, Mittelmeer. Häufig.

Mondschnecken, Naticidae. Kugelige, glänzende Gehäuse mit wenig Windungen und weitem Nabel.
47 **Tausendpunkt-Nabelschnecke,** Natica millepunctata Lk. Dicht dunkelbraun getupftes Gehäuse mit dünnem, sich in den Nabel ziehendem Wulst; 3–4 cm Durchmesser. Mittelmeer. Ziemlich häufig.
48 **Hebräische Nabelschnecke,** Natica hebraea Martyn. Sehr ähnlich der vorigen, doch mit unregelmäßigen Flecken anstelle der Tupfen. Mittelmeer. Ziemlich häufig.
49 **Halsband-Mondschnecke,** Lunatia catena da Costa. Kugeliges Gehäuse mit einem Band brauner Flecken um jede Windung; 3–4 cm Durchmesser. Kein Wulst im Nabel. Nordsee, Atlantik, Mittelmeer. Häufig.
50 **Josefinische Mondschnecke,** Neverita Josephina Risso. Sehr flaches Gehäuse; Nabel durch einen starken Spiralwulst ausgefüllt; gelblich grau getönt; 35 mm Durchmesser. Mittelmeer. Ziemlich häufig.
51 **Glänzende Mondschnecke,** Lunatia poliani Scacchi. Kleines Gehäuse 15 mm Durchmesser; mit rostroten Flämmchen; Nabel durch die Innenlippe halb verdeckt. Atlantik, Mittelmeer. Ziemlich häufig.
52 **Payraudaus Mondschnecke,** Payraudautia intricata Donovan. Sehr ähnlich der vorigen, jedoch Nabel mit zwei Spiralleisten. Mittelmeer. Ziemlich häufig.

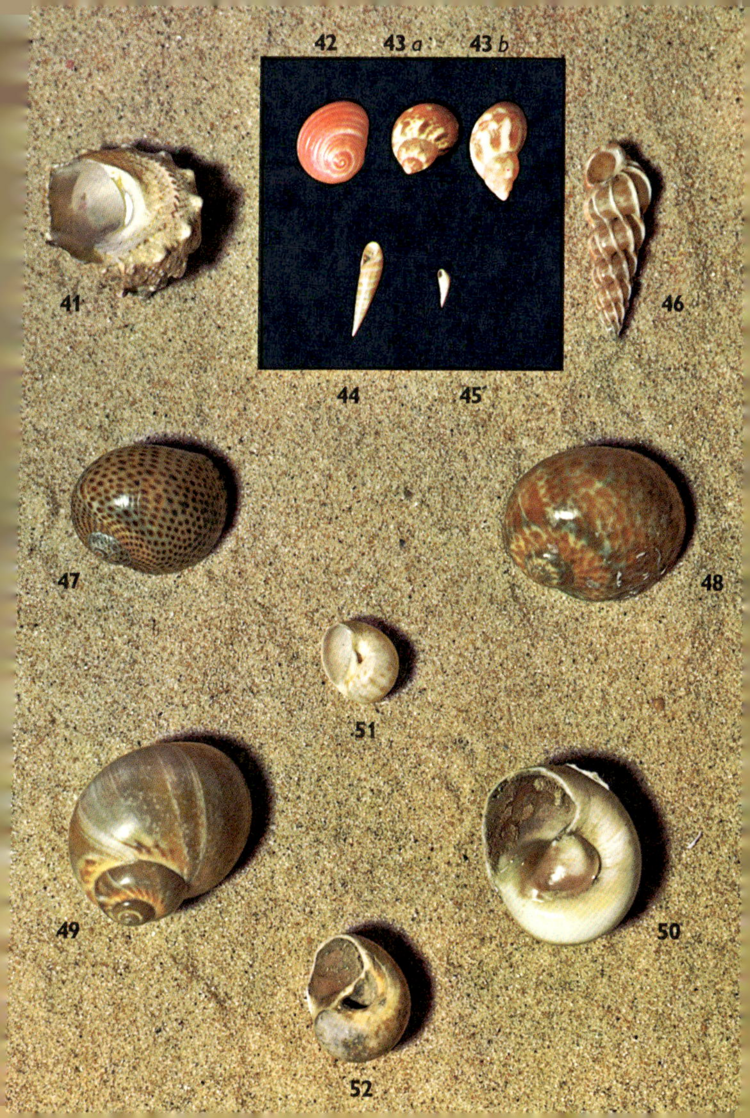
42
43 a
43 b
41
46
44
45
47
48
51
49
50
52

Stutzschnecken, Truncatellidae. Stumpfe Spirale.
53 **Glatte Stutzschnecke,** Truncatella laevigata Risso. Gehäuse glatt, falb; 5–6 mm hoch. Nordsee, Atlantik, Mittelmeer. Ziemlich selten.

Rissoschnecken, Rissoidae. Gehäuse klein, mit runder Mündung, ungenabelt. Zahlreiche, jedoch schwer zu bestimmende Arten.
54 **Pergamentschnecke,** Rissoa membranacea J. Adams. 6 mm; Mündung violett; Querstreifen. Atlantik. Sehr häufig.
55 **Wanzenschnecke,** Rissoa cimex L. Gehäuse falb, fein gerieft; 6–8 mm hoch. Mittelmeer. Häufig.

Strandschnecken, Littorinidae. Gehäuse mit kleinem Gewinde, wenig Windungen und runder Mündung.
56a,b,c **Stumpfe Strandschnecke,** Littorina obtusata L. Gehäuse stumpf, letzte Windungen kugelig; Tönung verschieden. Auf Algen. Atlantik. Häufig.
57 **Gemeine Strandschnecke,** Littorina littorea L. Eßbar. Regelmäßiges Gewinde. An Felsen. Atlantik.
58 **Dunkle Strandschnecke,** Littorina saxatilis Olivi. Ähnlich der vorigen. Gewinde weniger regelmäßig, 15 mm. An Felsen. Atlantik. Häufig.
59 **Kleine Strandschnecke,** Littorina neritoides L. Sehr kleine Art, 5–8 mm; blauschwarz. Golf von Biscaya, Mittelmeer. Sehr häufig.

Turmschnecken, Turritellidae. Gehäuse hochgewunden, spitzig, turmartig, mit vielen Windungen und runder Mündung.
60a **Gemeine Turmschnecke,** Turritella communis Risso. Längsgebändert; 40–60 mm; Windungen gewölbt. Nordsee, Atlantik, Mittelmeer. Häufig.
60b Abart mit nichtgewölbten Windungen.

Pelikansfüße, Apporrhaidae. Gehäuse mit fingerförmig ausgezogener Lippe.
61a **Pelikansfuß,** Apporrhais pes-pelicani L. 3–4 cm; Lippe mit 3 fingerförmigen Auswüchsen; Windungen mit Höckern. Atlantik, Mittelmeer. Häufig.
61b Abart des Mittelmeeres mit längeren, fingerförmigen Auswüchsen.

Nadelschnecken, Cerithiidae. Hochgewundenes Gehäuse mit vielen Windungen und einer kurzen, gekrümmten Rinne für den Atemschlauch.
62 **Gemeine Seenadel,** Cerithium vulgatum Brug. Großes Gehäuse, Gewindehöhe 40–60 mm, letzte Windung etwas breiter, kleine Höcker. An Felsen. Mittelmeer häufig, Atlantik selten.
63 **Felsnadel,** Cerithium rupestre Risso. Kleiner als 62 (25 mm). Idem.
64 **Mäusedreck,** Bittium reticulatum da Costa. 10–13 mm; vierreihig gehöckert. Nordsee, Atlantik, Mittelmeer. Sehr häufig.
65 **Linksnadel,** Triforis perversa L. Sehr ähnlich der vorigen, doch linksgewunden. Nordsee, Atlantik, Mittelmeer. Ziemlich selten.

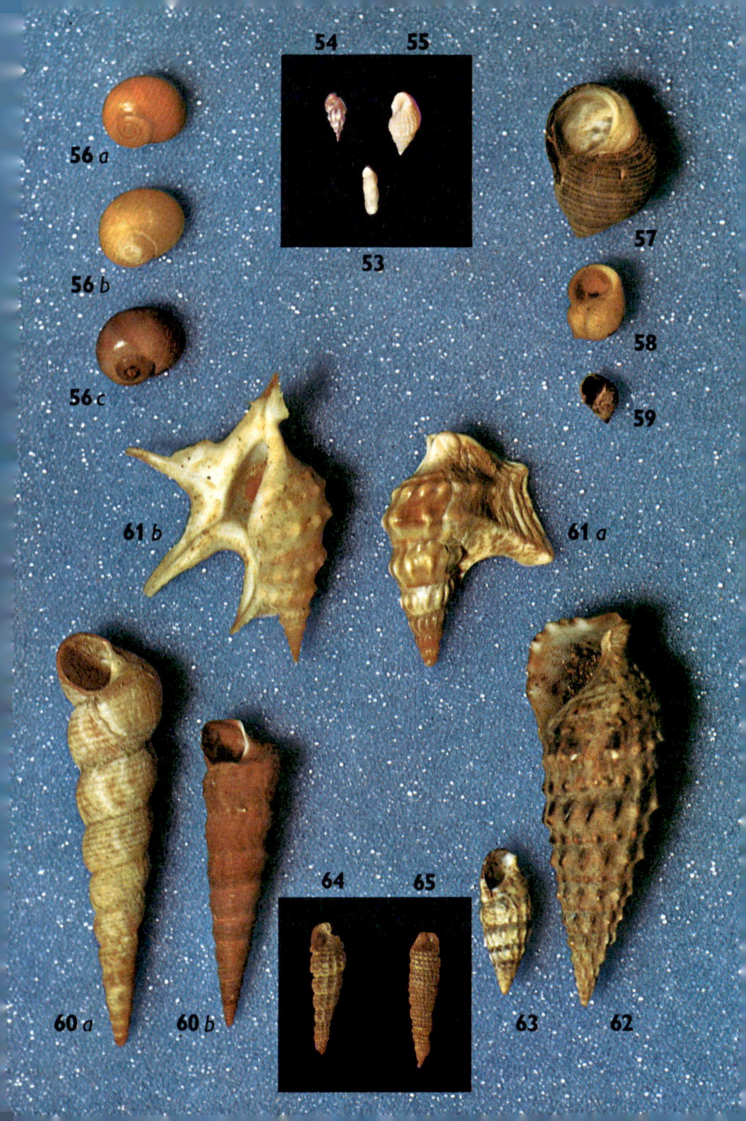
54
55
56 a
53
57
56 b
58
56 c
59
61 b
61 a
64
65
60 a
60 b
63
62

Faßschnecken, Doliidae. Gehäuse groß, kugelig, dünnwandig.
66 **Großes Faß,** Tonna galea L. Großes Gehäuse, 10–15 cm, mit regelmäßigen, spiraligen Furchen. Mittelmeer. Selten.

Helmschnecken, Cassididae. Großes, bauchiges Gehäuse, Schale dicker als bei den Faßschnecken.
67 **Afrikanischer Helm,** Cassis saburon Brug. Schönes, 5–7 cm hohes Gehäuse mit feinen, regelmäßigen, glatten Längsstreifen. Golf von Biskaya, Mittelmeer. Ziemlich häufig. Ähnliche Art **Geriefter Helm,** C. undulata Gm., sparsamer gebändert.
68 **Knotenschelle,** Galeodea echinophora L. Großes, 5–6 cm hohes Gehäuse, Form wie Afrikanischer Helm, Mündung jedoch ohne Falten; Spindelrand breit nach außen geschlagen; Rinne für den Atemschlauch länger; in Reihen angeordnete, große Höcker. Mittelmeer. Ziemlich häufig. Die **Tyrrhenische Schelle,** G. tyrrhena Ch., weist Längsrippen ohne Höcker auf.

Tritonshörner, Tritonidae. Sehr großes, hornförmiges Gehäuse.
69 **Knotiges Tritonshorn,** Tritonalia nodifer Lamarck. Kann 30 cm erreichen; höckrig; gelblich mit braunen Flecken; Mündung weiß, mit gezähnelter, braungefleckter Lippe; Rinne kurz. Atlantik, Mittelmeer. Ziemlich häufig. (Abb. auf dem Einband).
70 **Runzliges Tritonshorn,** Cyonatium corrigatum Lamarck. Gehäuse 6–9 cm hoch, mit samtiger Haut überzogen. Mittelmeer. Ziemlich häufig.
71 **Behaartes Tritonshorn,** Cyonatium cutaceum L. Gehäuse 5–8 cm hoch, mit pergamentartiger Haut. Mittelmeer. Ziemlich häufig.
72 **Großes Argushorn,** Ranella gigantea Lamarck. Gehäuse 5–18 cm hoch, mit knotigem Gewinde (Spuren der Mündungslippe, also des fortschreitenden Wachstums). Mittelmeer. Ziemlich selten.

Stachelschnecken, Muricidae. Dickwandiges, höckriges Gehäuse, Rinne für den Atemschlauch vorne rechts.
73 **Herkuleskeule,** Murex brandaris L. Eßbar. Bauchiges Gehäuse, 5–8 cm; Rinne länger als Mündung, große Stacheln. Mittelmeer. Häufig.
74 **Hochschwanz,** Murex trunculus L. Eßbar. Bauchiges Gehäuse, 5–8 cm; grau, mit braunen Bändern; Rinne kürzer als Mündung; kürzere Stacheln als Herkuleskeule. Mittelmeer. Häufig. Das in der Schale lebende Weichtier diente in der Antike zur Färbung der Purpurstoffe und galt als wichtige Handelsware.

68

66

67

70

71

72

73

74

75 **Blainvilles Stachelschnecke,** Muricopsis Blainvillei Payr. 10–25 mm; Rinne kurz; deutliche Streifen und feine Stacheln. An Felsen. Mittelmeer. Häufig.
76 **Großes Seekälbchen,** Ocenebra erinacea L. Durchbohrt das Gehäuse anderer Weichtiere, um sie zu verzehren. Gehäuse 3–4 cm, dickwandig, runzlig, mit Wülsten; Rinne kurz. Nordsee, Atlantik, Mittelmeer. Ziemlich häufig.
77 **Edwards Seekälbchen,** Ocenebra Edwardsi Payr. 10–18 mm; oft mit zwei braunen Bändern um jede Windung. Baskische Küste, Mittelmeer. Ziemlich häufig.
78 **Korallen-Seekälbchen,** Ocenebra corallina Scacchi. Sehr ähnlich der vorigen, jedoch kleiner (6–8 mm), intensiv braun. Nordsee, Atlantik. Häufig.
79 **Steinchen,** Purpura lapillus L. Gehäuse 20–25 mm hoch, oft schwarz oder gelb gebändert. Dickwandige, gezähnte Mündung. An Küstenfelsen. Nordsee, Atlantik. Sehr häufig.
80 **Rotmund,** Purpura haemastoma L. 4–8 cm; Mündung orange getönt. Mittelmeer, Baskische Küste. Eher selten.
81 **Krauses Seekälbchen,** Hadriania craticulata Brocchi. 2–4 cm; Rinne verschlossen; reusenartig verlaufende Rippen. Mittelmeer. Eher selten.
82 **Stachliges Trophonshorn,** Trophon muricatus Denys de Montfort. 6–8 mm; Schale längsgerieft mit Querwülsten. Nordsee, Atlantik, Mittelmeer. Ziemlich selten.

Netzreusen oder Reusenschnecken, Nassidae. Sehr verschiedenartige Gehäuse.
83 **Wandelbare Reuse,** Nassa mutabilis L. Bauchige Schale, 25–30 mm hoch; weiß und braun gescheckt. Mittelmeer. Ziemlich häufig.
84 **Netzreusenschnecke,** Nassa reticulata L. 20–30 mm; reusenartig verlaufende Rippen. Nordsee, Atlantik, Mittelmeer. Sehr häufig.
85a **Dickmundreuse,** Nassa incrassata Müller. Wie vorige, jedoch viel kleiner (10–12 mm); verdickte Lippe. Atlantik, Nordsee, Mittelmeer.
85b, c **Pygmäenreuse,** Nassa pygmea Lamk. Zwerghafte Abart.
86 **Hörnchenreuse,** Nassa corniculum Olivi. Gehäuseform wie 84 und 85, jedoch mit glatter Zeichnung; 18–20 mm; punktiertes Längsband. An Felsen. Golf von Biskaya ziemlich häufig. Mittelmeer sehr häufig.
87 **Dosenreuse,** Cyclope neritea L. Rundes Gehäuse, unten flach; rotgelb geflammt. Baskische Küste, Mittelmeer. Häufig.

Täubchenschnecken, Columbellidae. Gehäuse mit großer Mündung (mehr als $^2/_3$ der Höhe). Mittelmeer.
88 **Schlichtes Täubchen,** Columbella rustica L. 15–18 mm; sehr lange Mündung; weißlich, gelbrot geflammt. An Felsen.
89 **Gervilles Schrifttäubchen,** Columbella Gervillei Payr. Länglicher als vorige; 20 mm; hellbraun. Ziemlich selten.
90 **Schrifttäubchen,** Columbella scripta L. 15–20 mm hoch; weißlich, mit unregelmäßigen gelbroten Zeichnungen. Ziemlich selten.

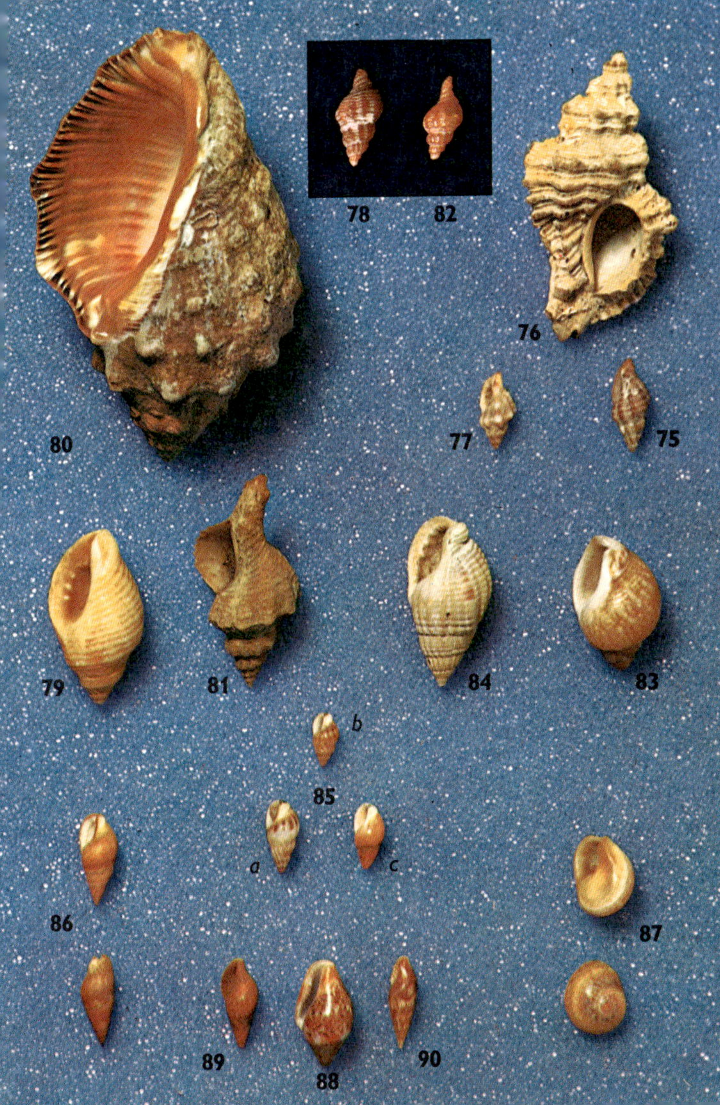
78
82
76
80
77
75
79
81
84
83
b
85
a
c
86
87
89
88
90

Hornschnecken, Buccinidae. Spitzspiraliges Gewinde mit kurzer, stark zurückgebogener Rinne.
91 **Wellhornschnecke,** Buccinum undatum L. Kräftiges, bauchiges Gehäuse; 6–7 cm; mit großen, schiefen, wellenförmigen Runzeln. Atlantik. Ziemlich häufig.
92 **Spindelhorn,** Euthria cornea Gray. Glatt; 4–5 cm; hellbraun, mit dunklen Flämmchen; kleiner Wulst an der Naht der Windungen. Mittelmeer. Ziemlich selten. Im Atlantik die «**Sipho de Jeffreys**», Abart ohne Wulst. Selten.
93 **Geflecktes Klipphorn,** Pisania maculosa Lamarck. 20–25 mm; olivgrünbraun, mit schwarzen Punkten in regelmäßigen Reihen; Mündung violett, gezähnt. An Felsen. Mittelmeer. Häufig. **D'Orbignys Klipphorn,** P. orbinia Payr., mit Längsfalten und Querstreifen.

Bündelschnecken, Fasciolariidae. Spindelförmiges Gehäuse.
94 **Zierliche Spindel,** Fusus rostratus Olivi. 40–50 mm, mit langer Rinne. Mittelmeer. Ziemlich häufig.

Straubschnecken, Mitridae. Schmales Gewinde, Spindel gefaltet.
95 **Elfenbein-Straubschnecke,** Mitra ebenus Lamarck. Gehäuse dunkelbraun, mit hellem Band; Gewinde 18 mm hoch. Mittelmeer. Ziemlich häufig.
96 **Hörnchen,** Mitra cornicula L. Schmaler als vorige; hellbraun. Mittelmeer. Ziemlich häufig.
97 **Dreifarbene Straubschnecke,** Mitra tricolor Gm. Kleiner als 95 und 96 (8–10 mm); weiß, gelb und braun gebändert. Mittelmeer. Ziemlich häufig.

Kegelschnecken, Conidae. Konisches Gehäuse.
98 **Mittelmeerkegel,** Conus mediterraneus Brug. 30 mm.

Gitterschnecken, Cancellariidae. Nur eine Art.
99 **Echte Gitterschnecke,** Cancellaria cancellata L. Schönes, 35 mm hohes Gehäuse mit spiraligen braunen Bändern. Mittelmeer. Eher selten.

Schlitzmäuler, Turridae. Kleines, türmchenförmiges Gehäuse.
100 **Purpur-Schlitzmaul,** Mangilia purpurea Risso. 8–20 mm; braunviolett; reusenartig gerieft. Atlantik, Mittelmeer. Ziemlich häufig.
101 **Vauquelins Schlitzmaul,** Mangilia Vauquelini Payraudeau. Weißlich, mit hervortretenden Rippen. Mittelmeer. Selten.

Drechselschnecken, Acteonidae. Beim lebenden Tier wird die Schale teilweise vom Mantelumschlag überdeckt.
102 **Drechselschnecke,** Acteon tornatilis L. Gehäuse graurosa, mit 3 feinen weißen Bändern; Gewindehöhe 25 mm. Nordsee eher selten. Golf von Biskaya, Mittelmeer häufiger.

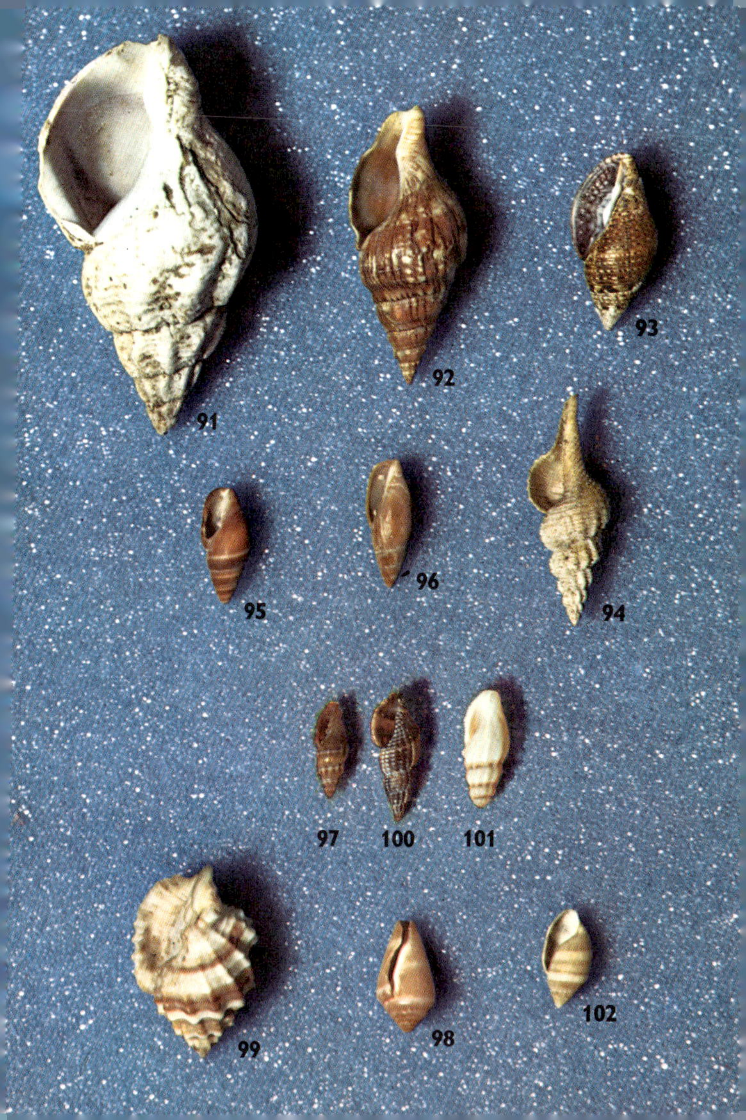

91
92
93
94
95
96
97
100
101
99
98
102

Muscheln

Nußmuscheln, Nuculidae. Schließmuskeleindrücke gleich; keine Mantelbucht; Zähne eine Reihe bildend wie ein in der Mitte unterbrochener Kamm.

103 Gemeine Nußmuschel, Nucula nucleus L. Kleine Schalen von 10 mm Länge, winziges Oval, Innenseite perlmuttern. Außenseite glatt, schwach konzentrisch gerieft. Nordsee, Atlantik, Mittelmeer. Ziemlich häufig.

104 Gefurchte Nußmuschel, Nucula sulcata Brown. Sehr ähnlich der vorigen, jedoch deutlich konzentrisch gerieft. Nordsee, Atlantik, Mittelmeer. Ziemlich selten.

105 Zerbrechliche Nußmuschel, Nuculana fragilis Chemn. Kleine, 8 mm lange Schalen, hinteres Ende zugespitzt. Atlantik, Mittelmeer. Ziemlich selten.

106 Gescheckte Nußmuschel, Nuculana pella L. Sehr ähnlich der vorigen, jedoch etwas größer, 9–15 mm lang; Kerbe am hintern Ende. Mittelmeer. Selten.

Archenmuscheln, Arcidae. Schließmuskeleindrücke gleich: keine Mantelbucht; Zähne in gerader Reihe wie bei einem Kamm.

107 Englisches Pastetchen, Glycymeris glycymeris L. Eßbar. Auch «Meermandel». Dickwandige, runde, große Schalen von 4–6 cm Durchmesser, mit samtartiger Haut; weiß mit braunen Flecken. Nordsee, Atlantik, Mittelmeer. Häufig.

108 Violettes Pastetchen, Glycymeris violascens Lam. Sehr ähnlich der vorigen, jedoch größer. Mittelmeer. Häufig.

109 Bärtige Archenmuschel, Arca barbata L. Schalen ungleichseitig, bauchig, mit mehr oder weniger zahlreichen Rippen; in groben Umrissen schiffsförmig; 20–50 mm lang; Außenhaut mit langem, grobem, schwärzlichem Haar. Mittelmeer. Ziemlich häufig.

110 Arche Noah, Arca Noae L. Ähnlich der vorigen Art, jedoch dickwandiger; ausgeprägte Rippen; hellbraun; 5–8 cm. Nordsee, Atlantik, Mittelmeer. Häufig.

111 Viereckige Archenmuschel, Arca tetragona Poli. Dünnere Schalen als vorige Art, hinteres Ende flacher; 20–35 mm lang. Atlantik, Mittelmeer. Häufig.

112 Milchweiße Archenmuschel, Arca lactea L. Kleine Abart, in der Form gleich wie vorige, 14 mm lang; milchweiß, mit samtiger Haut überzogen. Nordsee, Atlantik, Mittelmeer. Sehr häufig.

107
108
109
110
111
105
106
112
104
103

Herzähnliche, Isocardiidae. Schließmuskeleindrücke gleich; keine Mantelbucht; große, regelmäßige Schalenklappen.
113 Menschenherz, Isocardia cor L. Bauchige Muschel von 6–12 cm Durchmesser, mit bezeichnend eingerollten Wirbeln. Atlantik, Mittelmeer. Ziemlich häufig.

Nächste Tafel:

Mondmuscheln, Lucinidae. Schließmuskeleindrücke gleich; keine Mantelbucht; Zähne unter dem Wirbel klaffend; dünne, runde Schalen.
114 Stachelige Mondmuschel, Myrtea spinifera Mont. Schalen dünnwandig, konzentrische Rillen mit stachligen Rändern; 12 mm lang, 9 mm hoch. Nordsee, Atlantik, Mittelmeer. Selten.
115 Milchweiße Mondmuschel, Loripes lactus L. Runde, milchweiße Schalen; 15–25 mm Durchmesser; Schließmuskeleindrücke sehr ungleich. Atlantik, Mittelmeer. Sehr häufig.
116 Runde Zweizahnmuschel, Diplodonta rotundata Montg. Sehr ähnlich der vorigen Art, unterscheidet sich jedoch durch eine gelblichere Tönung und eher gleiche Schließmuskeleindrücke. Nordsee, Atlantik, Mittelmeer. Ziemlich häufig.

Astartemuscheln, Astartidae. Schließmuskeleindrücke gleich; keine Mantelbucht; Schalen konzentrisch gerieft.
117 Braune Astarte, Astarte fusca Poli. Schalen von 20 mm Durchmesser, braun, mit ausgeprägten konzentrischen Rillen. Mittelmeer. Ziemlich selten.

113

114, 115, 116, 117 siehe Seite 32.

Gienmuscheln, Chamidae. Schließmuskeleindrücke gleich; keine Mantelbucht; Schalenklappen ungleich dickwandig.

118 Mittelmeer-Gienmuschel, Chama gryphoides L. 15–20 mm Durchmesser; Schalenklappen sehr unregelmäßig, mit kleinen, konzentrische Reihen bildenden Schuppen bedeckt. Mittelmeer. Eher selten.

Trapezmuskeln, Carditidae. Schließmuskeleindrücke gleich; keine Mantelbucht; dicke, fast quadratische Muscheln; 2 klaffende Zähne unter dem Wirbel, manchmal Nebenzähne.

119 Gefurchte Trapezmuschel, Venericardia sulcata Brug. 20–30 mm Durchmesser; 12–20 strahlige, breite Rippen mit konzentrischer Riefelung; Außenseite dunkelbraun. Mittelmeer. Häufig.

120 Gestreckte Trapezmuschel, Cardita calyculata L. Quadratische Muschel; 20 mm lang; dickwandig, mit schuppigen Rippen. Lebt in Felsspalten, daher verformt. Mittelmeer. Ziemlich häufig.

121 Kleines Trapez, Cardita trapezia Brug. Muschel fast ebenso breit wie hoch, mit schuppigen Rippen; 8–9 mm breit. Mittelmeer. Ziemlich selten.

Herzmuscheln, Cardiidae. Schließmuskeleindrücke gleich; keine Mantelbucht; Schalen gleichseitig, mit Nebenzähnen.

122a Stachelige Herzmuschel, Cardium echinatum L. Eßbar. Dickwandig; 4–5 cm lang; 25–30 durch Furchen getrennte Rippen mit kurzen Stacheln. Nordsee, Atlantik, Mittelmeer. Ziemlich häufig. Ebenfalls in Nordsee, Atlantik und Mittelmeer findet man die verwandte Art:

122b Wenigrippige Herzmuschel, Cardium paucicostatum Sow. Kleiner als vorige, mit weniger Rippen.

123 Große Herzmuschel, Cardium aculeatum L. Eßbar. Muschel von 35–80 mm Durchmesser; Rippen mit häkchenförmigen Stacheln. Mittelmeer. Häufig.

124 Eßbare Herzmuschel, Cardium edule L. Kleine Muschel von 25–45 mm Durchmesser; 24–26 flache, schuppige Rippen. Nordsee, Atlantik, Mittelmeer. Sehr häufig.

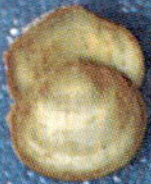

114

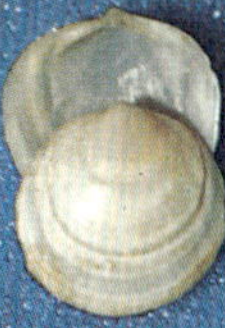

115

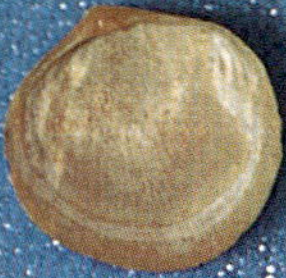

116

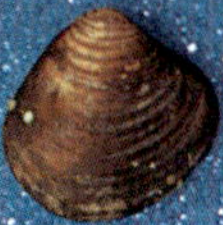

117

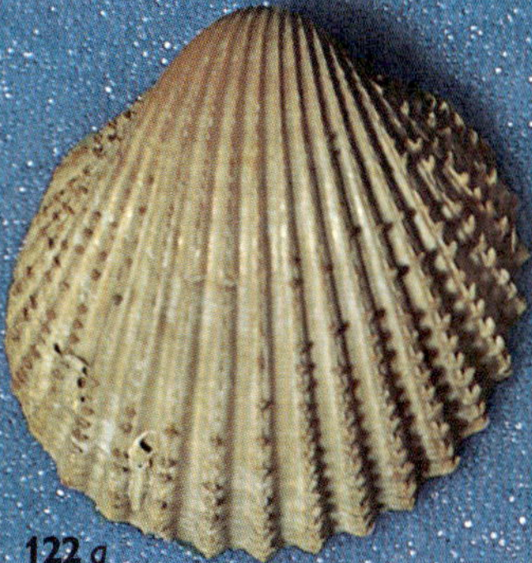

122 *a*

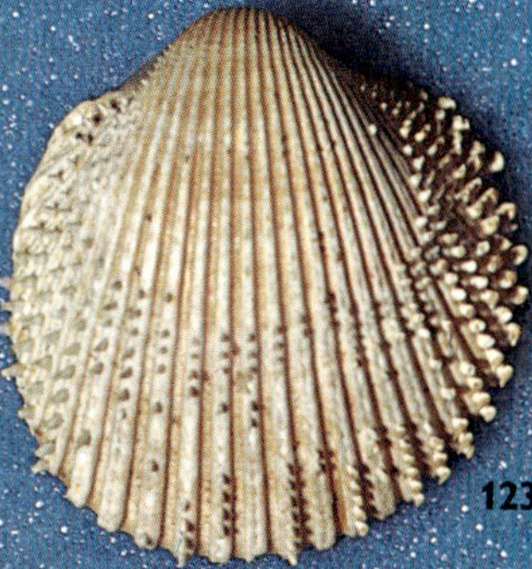

123

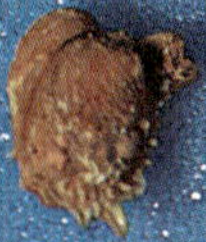

118

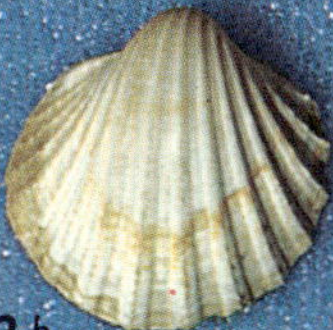

122 *b*

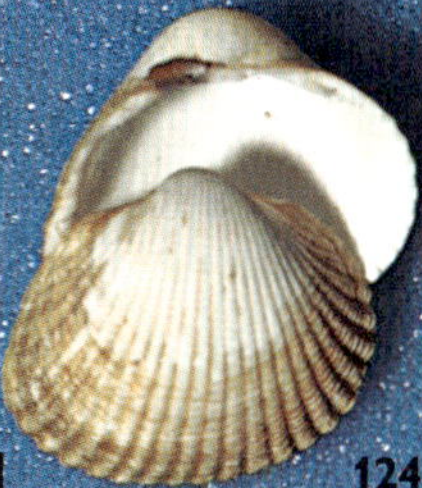

124

121

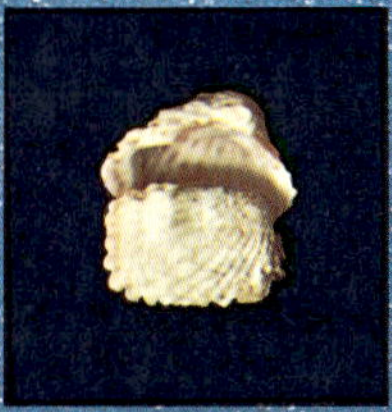

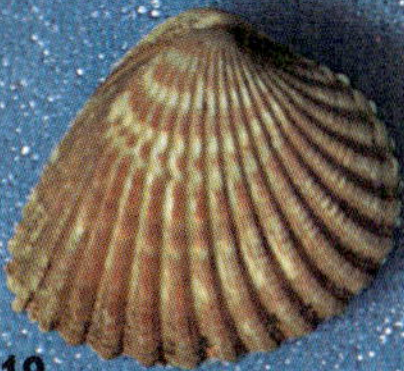

119

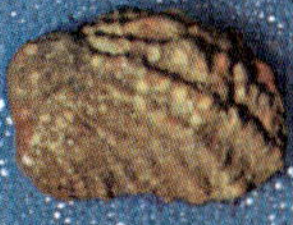

120

125 Knotige Herzmuschel, Cardium tuberculatum L. Eßbar. Dickwandige Muschel von 40–60 mm Länge; starke, knotige Rippen. Atlantik, Mittelmeer. Häufig.
126 Norwegische Herzmuschel, Cardium norvegicum Spengl. Dicke, 30–60 mm lange Muschel; schwach ausgeprägte, gegen den Wirbel verschwindende Rippen. Nordsee, Atlantik, Mittelmeer. Häufig.
127 Längliche Herzmuschel, Cardium oblongum Chemn. Sehr ähnlich der vorigen, jedoch von eher länglicher Form. Mittelmeer. Ziemlich häufig.

Venusmuscheln, Veneridae. Muskeleindrücke gleich; mit Mantelbucht; regelmäßige Muschel mit 3 klaffenden Zähnen unter dem Wirbel.
128 Warzige Venusmuschel, Venus verrucosa L. Eßbar. Große Muschel von 30–50 mm Länge; von unregelmäßigen, konzentrischen Plättchen mit warzenähnlichen Knotenbildungen bedeckt. Farbe gelbrot, rostartig. Nordsee, Atlantik, Mittelmeer. Häufig. Im Mittelmeer lebt eine zweite, ähnliche Art, die **Häusliche Venusmuschel,** Venus casina L., mit konzentrischen Plättchen ohne Knotenbildung.

126

127

128

125

129 Die Henne, Venus gallina L. Eßbar. Muschel von 30–35 mm Länge; unregelmäßige, konzentrische, paarweise zusammenlaufende Rippen; weißlich getönt, mit 3 gelbroten Strahlen. Atlantik ziemlich selten, Mittelmeer häufig.

130 Gebänderte Venusmuschel, Venus fasciata da Costa. 13–25 mm lange Schalen; mit flachen, konzentrischen Plättchen bedeckt; orange getönt, mit strahligen, braunen, mehr oder weniger verwischten Bändern. Nordsee, Atlantik. Ziemlich selten.

131 Eiförmige Venusmuschel, Venus ovata Penn. Kleine, 9–12 mm lange Schalen; reusenartig gerieft; weißliche Tönung. Nordsee, Atlantik, Mittelmeer. Sehr häufig.

132 Schlichte Artemis, Dosinia exoleta L. Eßbar. 20–40 mm lange Schalen, mit starken Wachstumsrillen; weiß, oft mit braunen Bändern. Nordsee, Atlantik, Mittelmeer. Häufig. Im Atlantik und vor allem im Mittelmeer eine ähnliche Art, die **Glatte Artemis,** Dosinia lupinus L.; kleiner und gelbweiß.

133 Braune Venusmuschel, Macrocallista chione Lam. Eßbar. 50–70 mm lange Schalen; glatt, falbe Außenhaut; manchmal mit mehr oder weniger deutlichen, strahligen Bändern. Atlantik, Mittelmeer. Häufig.

134a Kreuzmuster-Teppichmuschel, Venerupis decussatus L. Eßbar. Schalen 20–60 mm lang, reusenartig gerieft; fahlrot getönt, mit 3 Strahlen brauner Flecken. Mittelmeer. Sehr häufig.

134b Im Atlantik findet sich eine hellere Abart, Venerupis decussatus L. var. fuscus.

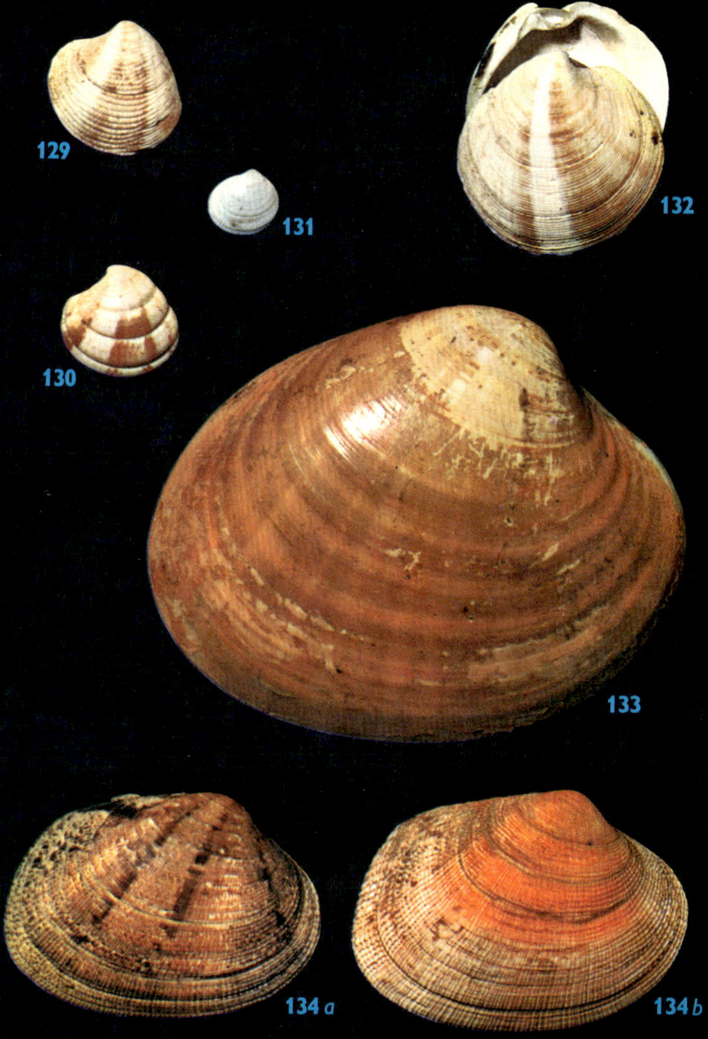
129
131
132
130
133
134 a
134 b

135a Goldene Teppichmuschel, Venerupis aureus Gm. Eßbar. Kleine Art von 17–25 mm Durchmesser; kennzeichnend ist die goldgelbe Tönung der Innenseite; auf der Außenseite braune, hieroglyphenartige Zeichnungen. Nordsee, Atlantik, Mittelmeer. Häufig.

135b Eine Abart im Mittelmeer ist die **Gewebte Teppichmuschel,** Venerupis texturatus Lamk., mit ausgeprägteren Zeichnungen.

136 Rhombische Teppichmuschel, Venerupis rhomboideus Penn. 20–50 mm lange Schalen, konzentrisch gerieft; sehr veränderlich getönt. Nordsee, Atlantik, Mittelmeer. Häufig.

137a Bohrende Teppichmuschel, Venerupis pullastra Wood. 15–18 mm lange Art; reusenartig gerieft, konzentrische Riefen jedoch ausgeprägter als bei 134a. Nordsee, Atlantik, Mittelmeer. Häufig.

137b Eine Abart im Mittelmeer ist die **Landkarten-Teppichmuschel,** Venerupis geographicus Gm.; etwas kleiner und eher länglich.

138 Irusmuschel, Irus irus Lam. Muschel mit sehr veränderlichen Formen; 20–25 mm lang; mit schuppenartig übereinandergreifenden Plättchen bedeckt. Lebt in Felsspalten. Nordsee, Atlantik, Mittelmeer. Ziemlich häufig.

Engelsflügel, Petricolidae. Schließmuskeleindrücke gleich; Mantelbucht; Schalen dünn, zerbrechlich; 2 Zähne unter den Wirbeln; kurzer vorderer Teil.

139 Steinbohrender Engelsflügel, Petricola lithophaga Retzius. Muschel vorne gerundet, hinten stumpfeckig; 10–30 mm lang. Lebt in Felsen. Nordsee, Atlantik, Mittelmeer. Ziemlich selten.

Dreiecksmuscheln, Donacidae. Schließmuskeleindrücke gleich; Mantelbucht; glänzende Schalen; vorderer Teil kürzer als hinterer Teil.

140 Glatte Dreiecksmuschel, Donax politus Poli. Eßbar. 20–40 mm lang; weiß, mit violetter Tönung, manchmal gelblich, mit dunkleren Bändern; Innenseite violett, Innenrand schartig. Nordsee, Atlantik, Mittelmeer. Sehr häufig.

141 Halbgestreifte Dreiecksmuschel, Donax semistriatus Poli. Eßbar. Von länglicherer Form als vorige; bis zur Schalenmitte quergerieft. Mittelmeer. Ziemlich häufig.

135 a

135 b

137 a

136

137 b

138

139

141

140

Tellmuscheln, Tellinidae. Schließmuskeleindrücke gleich; Mantelbucht; Schalen dünn, zerbrechlich; ähnliche Form wie Dreiecksmuscheln, Innenrand der Schalen jedoch nie schartig.

142 Dickschalige Tellmuschel, Arcopagia crassa L. Dickwandige, 23–40 mm lange, runde Muschel; weiß, manchmal mit rosa Strahlen. Atlantik. Ziemlich häufig.

143a Flache Tellmuschel, Angulus planatus Lin. Längliche Muschel 30–40 mm lang; Innenseiten der Schalen rosa getönt. Mittelmeer. Ziemlich selten.

143b Glänzende Tellmuschel, Angulus nitidus Poli. Form ähnlich wie 143a, jedoch kleiner; Schaleninnenseiten gelb-orange getönt. Lebt ebenfalls im Mittelmeer, ist jedoch selten.

144 Fleischrote Tellmuschel, Angulus incarnatus L. Fleischfarbene, sehr zerbrechliche, ungleichseitige Schalen; 15–30 mm lang. Atlantik, Mittelmeer. Ziemlich selten.

145 Dünnschalige Tellmuschel, Angulus tenuis da Costa. Kleine, sehr dünne Schalen von veränderlicher Färbung, weiß, gelb oder rosa. Nach dem Tod des Weichtieres klaffen die Schalenklappen wie Schmetterlingsflügel. Nordsee, Atlantik, Mittelmeer. Sehr häufig.

146 Zerbrechliche Tellmuschel, Gastrana fragilis L. Schalen 18–30 mm lang, zerbrechlich; kleine, engliegende Rippen und blättrige konzentrische Riefen; gelblichweiß getönt. Atlantik, Mittelmeer, in Brackwasser. Ziemlich häufig.

Sandmuscheln, Asaphidae.

147 Flache Sandmuschel, Psammobia depressa Penn. 40–60 mm lange Schalen; rosagrau, oft mit rosa Strahlen; an den Rändern pergamentartige Außenhaut. Nordsee, Atlantik, Mittelmeer. Häufig.

148 Faröer-Sandmuschel, Psammobia feroensis Chemn. Schalen 10–35 mm lang, länglich, hinten stumpf; violettweiß, oft mit gelbroten Strahlen. Nordsee, Atlantik, Mittelmeer. Ziemlich selten.

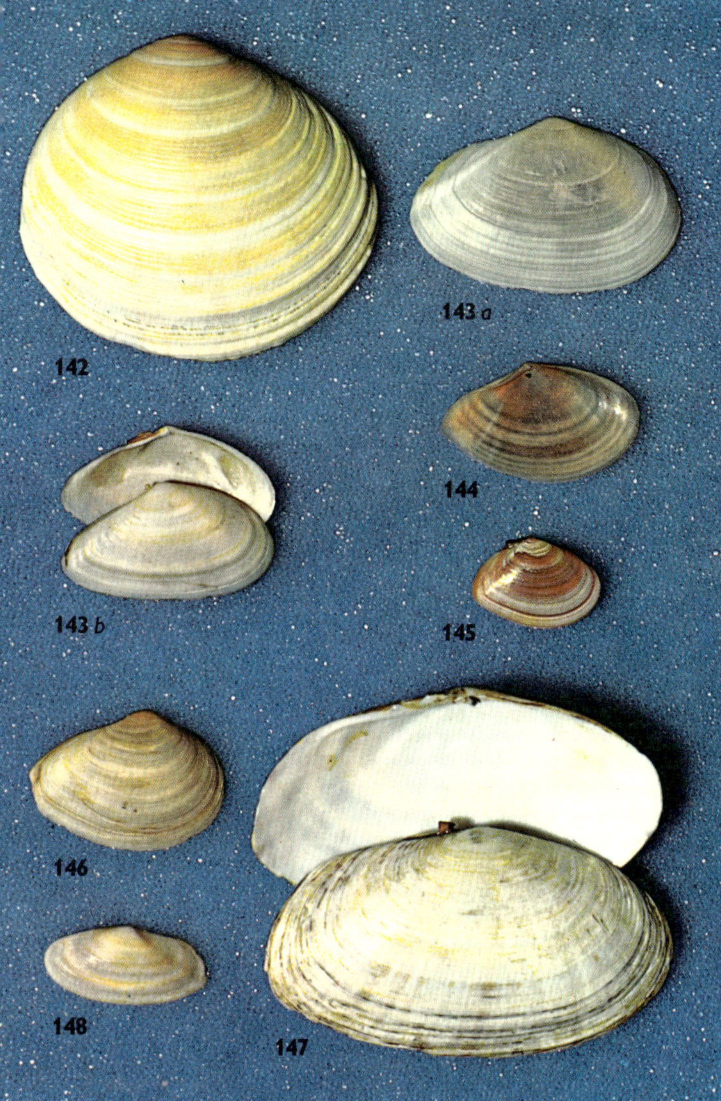
142
143 a
144
143 b
145
146
148
147

Trogmuscheln, Mactridae. Schließmuskeleindrücke gleich; Mantelbucht; Ligament inwendig, in einer dreieckigen Grube hinter den Hauptzähnen.

149 Braune Dreieckskappe, Mesodesma corneum Poli. Kleine, 15–20 mm lange Muschel; Form wie Dreiecksmuscheln, jedoch mit dem bezeichnenden Scharnier der Trogmuscheln. Nordsee, Atlantik, Mittelmeer. Ziemlich häufig.

150 Narrenkappe, Mactra corallina L. Eßbar. Kugelige Muschel von 40–50 mm Durchmesser; mit gelblichen Strahlen auf violettem Grund; die schmutziggraue Außenhaut haftet oft hartnäckig. Zwei Abarten: a) stultorum, im Mittelmeer; b) atlantica, noch etwas rundlicher und glanzloser, im Atlantik. Beide häufig.

151 Blaugraue Trogmuschel, Mactra glauca L. Eßbar. Weniger bauchig als vorige; 4–10 cm lang, mit gelber, samtiger Außenhaut. Nordsee, Atlantik, Mittelmeer. Ziemlich häufig.

152 Gedrungene Trogmuschel, Spisula subtruncata da Costa. Kleine, 25 mm lange, dreieckige Art; milchweiß. Nordsee, Atlantik, Mittelmeer. Ziemlich häufig.

153 Dickschalige Trogmuschel, Spisula solida L. Dickwandige, 25–40 mm lange Schalen; mit stark eingeprägten Wachstumsrillen. Nordsee, Atlantik. Sehr häufig.

150 a

150 b

149

152

151

153

154 Elliptische Trogmuschel, Lutraria elliptica Lamk. Eßbar. Schalen 50–150 mm lang, von länglicher Form; weißrosa, mit brauner Außenhaut. Nordsee, Mittelmeer. Ziemlich selten.

155 Längliche Trogmuschel, Lutraria oblonga Chemn. Eßbar. Unterscheidet sich von der vorigen durch noch ausgeprägtere längliche Form; hinteres Ende abgerundet. Nordsee, Mittelmeer. Ziemlich selten.

Klaffmuscheln, Myidae. Schließmuskeleindrücke gleich; Mantelbucht; wie bei den Trogmuscheln befindet sich das Ligament inwendig in einer besondern Grube, die jedoch deutlicher ausgebildet ist und wie ein Sporn ins Schaleninnere greift.

156 Strandauster, Mya arenaria L. Eßbar. In der Form der Elliptischen Trogmuschel sehr ähnlich, jedoch mit stark aus dem Scharnier hervorstehendem Sporn für das Ligament; 50–150 mm lang. Nordsee, Atlantik. Ziemlich häufig.

157 Abgestutzte Klaffmuschel, Mya truncata L. Sehr viel stumpfer als vorige. Nordsee, Atlantik. Ziemlich häufig.

154

155

156

157

158 Körbchenmuschel, Corbula gibba Olivi. Kleine, 4–12 mm lange Muschel mit ungleichen Schalenklappen (rechte größer als linke, ragt darüber hinaus). Lebt in von bohrenden Weichtieren ausgehöhlten Felslöchern. Nordsee, Atlantik, Mittelmeer. Ziemlich häufig.

Steinbohrer, Saxicavidae. In Felsen lebende Muscheln; Ligament außen; Zähne unter dem Wirbel sehr klein oder gar nicht vorhanden.
159 Runzliger Steinbohrer, Saxicava rugosa L. Spitze nahe am hintern Rand; leicht ungleichschalig; 26 mm lang; Scharnier ohne Zähne. Lebt in Steinen. Nordsee, Atlantik, Mittelmeer. Ziemlich selten.

Pfeffermuscheln, Scrobiculariidae. Schließmuskeleindrücke gleich; Mantelbucht; Ligament inwendig in einer ovalen Grube.
160 Große Pfeffermuschel, Scrobicularia piperata Poiret. Eßbar. Flache, runde Muschel von 30–40 mm Durchmesser. Nordsee, Atlantik, Mittelmeer, in Flußmündungen. Häufig.
161 Weiße Pfeffermuschel, Syndosmya alba Wood. Kleine, weiße, glänzende Muschel; 17 mm lang. Nordsee, Atlantik, Mittelmeer. Ziemlich häufig.

Thraciamuscheln, Thraciidae. Schalenklappen ungleich, zerbrechlich; Ligament inwendig auf einem Knorpel.
162 Papierartige Thraciamuschel, Thracia papyracea Poli. Dünne Schalen von 30 mm Länge; vorstehender Kiel von der Spitze bis zum hintern Ende; weiß, glanzlos. Nordsee, Atlantik, Mittelmeer. Ziemlich häufig.

Pandoramuscheln, Pandoridae. Wie Thraciamuscheln.
163 Ungleichschalige Pandoramuschel, Pandora inaequivalvis L. Schalenklappen sehr ungleich, rechte flach, linke gewölbt; Innenseiten perlmuttern. Nordsee, Atlantik, Mittelmeer. Häufig.

158

159

160

161

162

163

Messermuscheln, Solenidae. Schließmuskeleindrücke ungleich; Mantelbucht; längliche Muschel; hohle Rinne am Schalenende.

164 **Schwertmuschel,** Ensis ensis L. Eßbar. Muschel leicht gebogen, 8–20 cm lang; eine Schalenklappe mit 1, die andere mit 2 Zähnen. Nordsee, Atlantik, Mittelmeer. Häufig.

165 **Gerade Schwertmuschel,** Ensis siliqua L. Eßbar. Wie vorige 1 Zahn auf einer, 2 Zähne auf der andern, jedoch etwas kleinere Schalenklappe; Schalen gerade. Atlantik ziemlich selten, Mittelmeer häufig.

166 **Scheidenmuschel,** Solen marginatus Penn. Eßbar. Nur 1 Zahn auf jeder Schalenklappe, wodurch die Muschel sich von den beiden vorigen unterscheidet. Atlantik. Sehr häufig.

167 **Sonnenmuschel,** Solecurtus strigillatus L. Große, 4–6 cm lange Muschel; kürzer als die drei vorigen Arten; zwei weiße Strahlen auf rosa Grund. Mittelmeer. Häufig.

168 **Weiße Sonnenmuschel,** Zozia antiquata Pult. Kleiner als vorige; weiß getönt, mit dünner, grünlicher Haut. Atlantik, Mittelmeer. Eher selten.

169 **Schotenmuschel,** Pharus legumen L. Längliche Muschel wie die Scheidenmuschel, jedoch an beiden Enden abgerundet. Weißrosa, oft mit schimmernder gelblicher Haut; 4–10 cm lang. Nordsee, Atlantik, Mittelmeer. Eher selten.

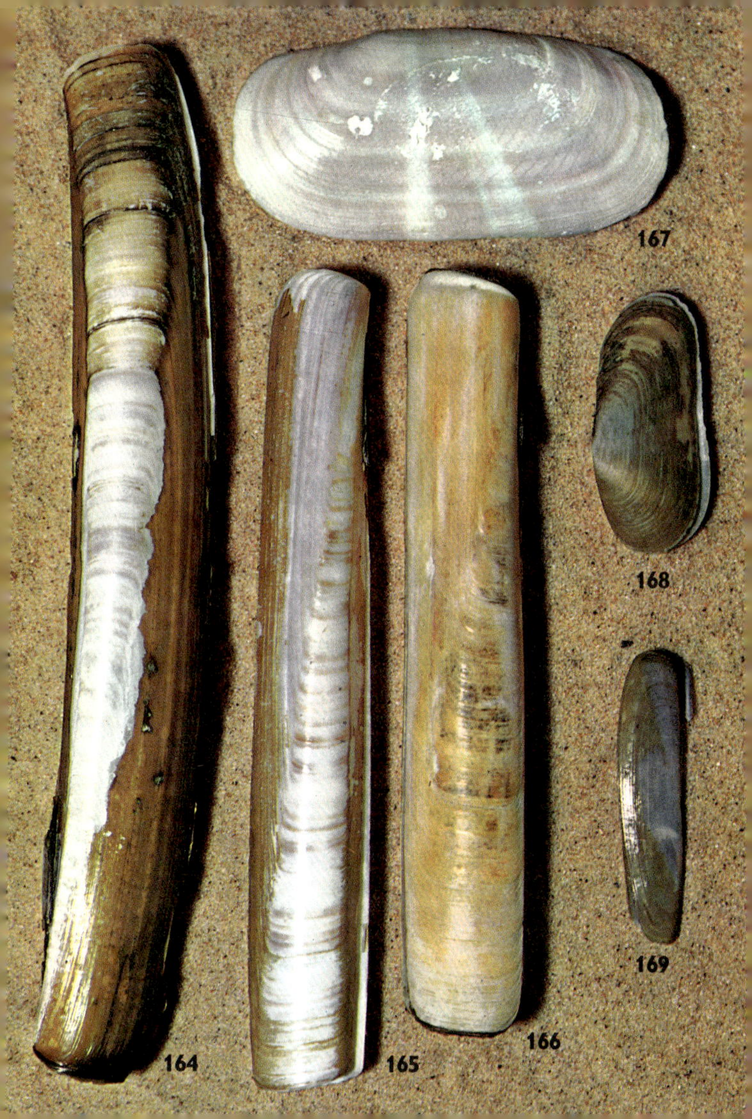
167
168
169
164
165
166

Bohrmuscheln, Pholadidae. Schließmuskeleindrücke ungleich; Mantelbucht. Die Arten dieser Familie bohren sich in Felsen. Schalenklappen vorn und hinten klaffend; kein Scharnier; kein Ligament.
170 **Bohrmuschel,** Pholas dactylus L. Eßbar. Etwa 10 cm große Muschel; in der Nähe der Wirbel 2 akzessorische Schalenpaare zum Schutz der Schalenklappen. Lebt in Felsen. Atlantik, Mittelmeer. Häufig.
171 **Weiße Bohrmuschel,** Barnea candida L. Beide Schalenklappen mit Stacheln bedeckt; 40–70 mm lang; dorsal ist nur 1 Protoplax vorhanden, Nordsee, Atlantik, Mittelmeer. Ziemlich häufig.

Röhrenmuscheln, Gastrochaenidae. Den Bohrmuscheln sehr nahestehend. Auch die Arten dieser Familie leben in Felsen, die Muschelschalen weisen jedoch ein Ligament auf.
172 **Röhrenmuschel,** Gastrochaena dubia Penn. Kleine Muschel, 10–20 mm, sehr zerbrechlich; Schalen vorne sehr klaffend. Nordsee, Atlantik, Mittelmeer. Ziemlich häufig.

Wurmmuscheln, Teredinidae. Die Arten dieser Familie bohren sich in Holz; kleine zerbrechliche Schalen, die nur das äußerste Ende des Tierkörpers decken, den übrigen Körper umgibt eine lange Kalkröhre.
173 **Norwegischer Pfahlwurm,** Teredo norvegica Spgl. Die Abbildung zeigt ein Teilstück der Kalkröhre. Die eigentlichen Schalenklappen sind sehr zerbrechlich und schwer zu bekommen. Bohren tiefe, bis 30 cm lange, von Kalk ausgekleidete Gänge in Schiffsholz, Pfähle usw. Nordsee, Atlantik, Mittelmeer. Häufig.

Steckmuscheln, Pinnidae. Schließmuskeleindrücke ungleich; Schalenklappen inwendig perlmuttern, manchmal mit Ohren in der Nähe des Scharniers, manchmal lang und dreieckig; flache Muschel mit leicht ungleichen Schalenklappen.
174 **Gemeine Steckmuschel,** Pinna nobilis L. Große, 15–60 cm lange dreieckige Muschel mit gewellten Wachstumsrillen; von übereinandergreifenden Schuppen bedeckt. Mittelmeer. Ziemlich selten. Kleinere Abart im Mittelmeer und Atlantik: **Kamm-Steckmuschel,** Pinna pectinata L., ohne Schuppenüberzug.

170

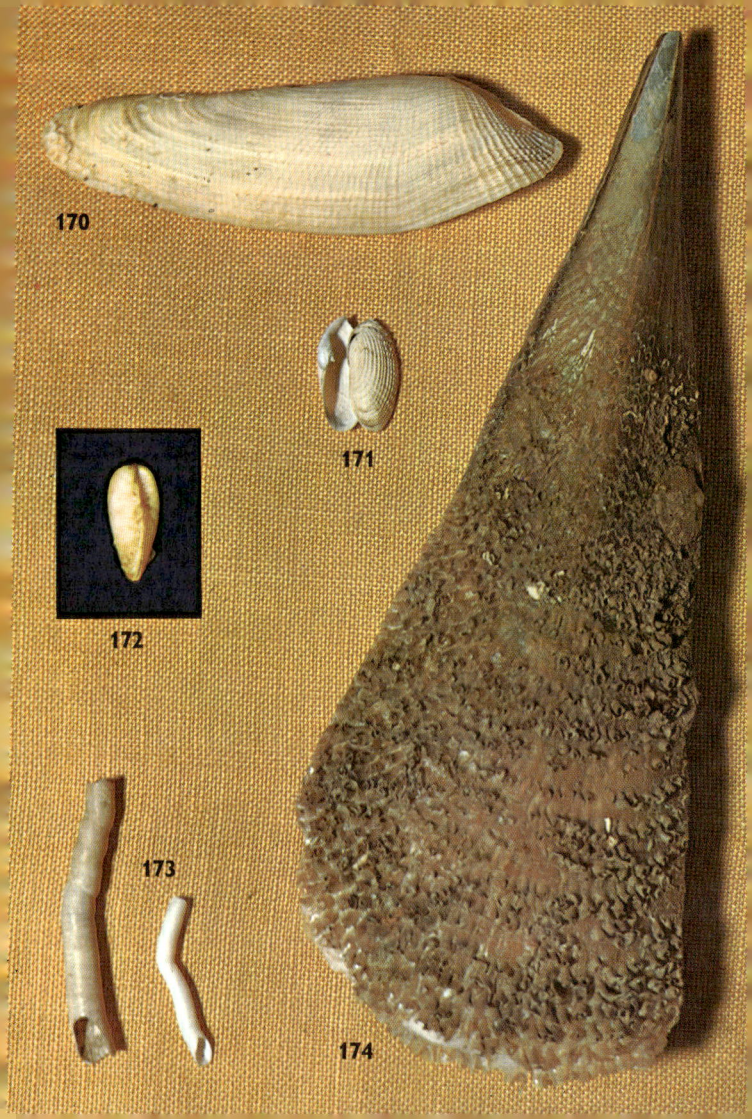

171

172

173

174

Vogelmuscheln, Pteriidae. Wie Steckmuscheln.
175 Schwalbenflügel, Pteria hirundo L. Hübsche, inwendig perlmutterne Schalen; Außenseite mit violetten Reflexen. Schalengröße 3–9 cm. Mittelmeer. Häufig.

Miesmuscheln, Mytilidae. Schließmuskeleindrücke ungleich; Schalenklappen gleich, bauchig, Innenseiten perlmuttern.
176 Eßbare Miesmuschel, Mytilus edulis L. Blauschwarz, Perlmutter nur wenig schimmernd. Atlantik, Mittelmeer. Sehr häufig. Als Delikatesse gezüchtet.
177 Mittelmeer-Miesmuschel, Mytilus galloprovincialis Lam. Eßbar. Gegen den Wirbel zu breiter als vorige. Mittelmeer. Häufig.
178 Kleine Miesmuschel, Mytilaster minimus Poli. Ihrer Kleinheit wegen interessant. Atlantik. Häufig.
179 Bärtige Nabenmuschel, Modiolus barbatus L. Ähnlich wie Miesmuscheln, jedoch etwas trapezförmig, Wirbel nicht endständig; 30–80 mm groß, mit mehr oder weniger langen Fasern bedeckt. Atlantik, Mittelmeer. Ziemlich häufig.
180 Adriatische Nabenmuschel, Modiolus adriaticus Lmk. Kleinere Muschel als 179, ohne Fasern. Nordsee, Atlantik, Mittelmeer. Ziemlich häufig.
181 Marmoriertes Mäuschen, Musculus marmoratus Forbes. Kleine Muschel, 10–15 mm; grün, marmoriert. Lebt im Mantel der Ascidier. Atlantik, Mittelmeer. Ziemlich selten.
182 Steindattel, Lithophaga lithophaga L. Zylindrische Muschel von 2–6 cm Größe, vorne bauchig; gelbbraun. Lebt zwischen Steinen. Mittelmeer. Ziemlich häufig.

175

176

180

181

178

179

182 177

Kamm-Muscheln, Pectinidae. Nur ein Schließmuskel. Schalen nicht perlmuttern, von regelmäßiger Form, strahlig gerippt.

183a Große Pilgermuschel, Pecten maximus L. Eßbar. Große Muschel mit ungleichen Schalenklappen, rechte gewölbt, linke flach; regelmäßige, abgerundete, strahlige Falten; Furchen gerieft; 8–15 cm groß. Nordsee, Atlantik. Häufig.

183b Im Mittelmeer ist sie durch die **Jakobäermuschel,** Pecten Jacobaeus L., vertreten. Eßbar. Ebenfalls strahlige, jedoch gewinkelte Rippen, Furchen nicht gerieft.

184 Reisemantel, Chlamys opercularis L. Eßbar. 6 cm groß; beide Schalenklappen gewölbt, jedoch ungleich. Veränderlich getönt. Atlantik, Mittelmeer. Häufig.

185 Glatte Kamm-Muschel, Chlamys glabra L. Eßbar. Sehr ähnlich der vorigen, jedoch kleiner, Schalen braun gestreift. Mittelmeer. Häufig.

186 Bunte Kamm-Muschel, Chlamys varia L. Eßbar. Beide Schalenklappen gewölbt, mit zahlreichen, sehr feinen, strahligen Falten; Ohren der Schalen ungleich; Farbe veränderlich; 40–60 mm groß. Nordsee, Atlantik, Mittelmeer. Häufig.

187 Vielstreifige Kamm-Muschel, Chlamys multistriata Poli. Kleine Muschel von 20–30 mm Größe; zahlreiche strahlige Rippen. Haftet an Felsen oder Muscheln. Mittelmeer. Ziemlich häufig.

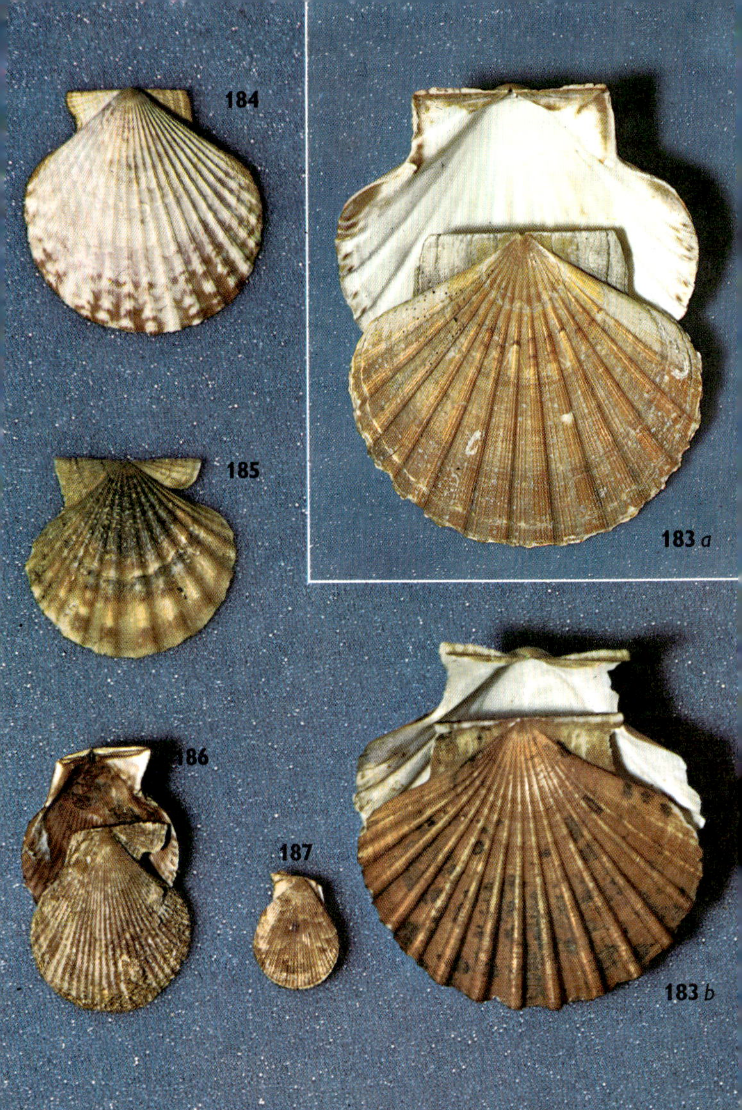
184
183 a
185
186
187
183 b

Lazarusklappern, Spondylidae. Nur ein Schließmuskeleindruck; sehr ungleiche Schalenklappen; strahlige Falten mit Stacheln.
188 Europäische Lazarusklapper, Spondylus gaederopus L. 5–8 cm große Muschel; starke stachlige Rippen. Haftet an Felsen. Mittelmeer. Ziemlich häufig.

Feilenmuscheln, Limidae. Nur ein Schließmuskeleindruck; Schalenklappen gleich, mit nur wenig entwickelten Ohren.
189 Gemeine Feilenmuschel, Lima lima L. Schalengröße 25–35 mm; strahlige Rippen mit blättrigen Knoten. Mittelmeer. Eher selten.
190 Klaffende Feilenmuschel, Lima hians Gm. Sehr zerbrechliche Schalen, nur 10–15 mm groß; lebt an Felsen. Atlantik, Mittelmeer. Eher selten.

Austern, Ostreidae. Nur ein Schließmuskeleindruck; ungleiche Schalenklappen von unregelmäßiger Form.
191 Eßbare Auster, Ostrea edulis L. Runde Muschel, nur wenig gewölbt; lebt auf dem Meeresgrund, Austernbänke bildend. Nordsee, Atlantik, Mittelmeer. (Zur Züchtung auch künstlich angelegte Austernparks.)
192 Greifmuschel, Gryphaea angulata L. Eßbar. Auch Portugiesische Auster genannt. Unterscheidet sich von der vorigen durch eher ovale Schalen und die ausgeprägte Trogform der linken, untern Schalenklappe. Von Portugal eingeführt, wo sie in der Mündung des Tejo natürlich vorkommt. Wird in Austernparks gezüchtet.

Zwiebelmuscheln, Anomiidae. Nur ein Schließmuskeleindruck; dünne Schalen; haften auf andern Muscheln.
193 Zwiebelmuschel, Anomia ephippium Lamk. Eßbar. Die untere, rechte Schalenklappe formt sich nach der Unterlage, an der die Muschel haftet. Zudem weist sie ein Loch für die Muskeln auf. Nordsee, Atlantik, Mittelmeer. Sehr häufig.

188

190 189

193

192 191

Die Arten

Verzeichnis der volkstümlichen Namen der beschriebenen Schnecken und Muscheln. Die mit * versehenen Namen sind nur beschrieben, nicht abgebildet. Die Ziffern entsprechen der fortlaufenden Numerierung

Arche Noah 110
Archenmuschel, Bärtige 109
– Milchweiße 112
– Viereckige 111
Argushorn, Großes 72
*Artemis, Glatte 132
– Schlichte 132
Astarte, Braune 117
Ausschnittschnecke 4
Auster, Eßbare 191
– Portugiesische 192

Birnporzellane 14
Blasenschiff 22
Blasenschnecke, Gestreifte 21
Bohrmuschel 170
– Weiße 171
Buckelschnecke, Adansons 33
– Aschfarbene 32
– Bunte 30
– Gemeine 28
– Genabelte 31
– Richards 29

Chinahaube 13

Dickmundreuse 85a
Dosenreuse 87
Drechselschnecke 102
Dreieckskappe, Braune 149
Dreiecksmuschel, Glatte 140
– Halbgestreifte 141

Engelsflügel, Steinbohrender 139

Fasanküken 43
Faß, Großes 66
Feilenmuschel, Gemeine 189
– Klaffende 190
Felsnadel 63
Fingernagel 12
Fleckenturban 26

Gienmuschel, Mittelmeer- 118
Gitterschnecke, Echte 99
Greifmuschel 192

Häubchenschnecke 9

Helm, Afrikanischer 67
– * Geriefter 67
Henne 129
Herkuleskeule 73
Herzmuschel, Eßbare 124
– Große 123
– Knotige 125
– Längliche 127
– Norwegische 126
– Stachelige 122a
– Wenigrippige 122b
Hirsekorn 19
Hochschwanz 74
Holzboot 20
Hörnchen 96
Hörnchenreuse 86

Irusmuschel 138

Jakobäermuschel 183b
Jujubenkreisel 34
– Gekörnelter 35
– Gestreifter 37
– Rauher 36

Kamm-Muschel, Bunte 186
– Glatte 185
– Vielstreifige 187
Kerfe, Europäische 16
Klaffmuschel, Abgestutzte 157
Klipphorn, Geflecktes 93
– * d'Orbignys 93
Knotenschelle 68
Korallenvielzahn 38
Körbchenmuschel 158
Kreuzvielzahn 39
Krummstielschnecke 45

Lazarusklapper, Europäische 188
Linksnadel 65
Lochschnecke, Netzförmige 3

Maus, Braune 15
Mäuschen, Marmoriertes 181
Mäusedreck 64
Meermandel 107
Meerohr, Grünes 23

Menschenherz 113
Miesmuschel, Eßbare 176
– Kleine 178
– Mittelmeer- 177
Mittelmeerkegel 98
Mondmuschel, Milchweiße 115
– Stachelige 114
Mondschnecke, Glänzende 51
– Halsband- 49
– Josefinische 50
– Payraudaus 52

Nabelschnecke, Hebräische 48
– Tausendpunkt- 47
Nabenmuschel, Adriatische 180
– Bärtige 179
Napfschnecke, Blaue 6
– Gemeine 5
– Jungfräuliche 8
– Mittlere 7
Narrenkappe 150
Netzreusenschnecke 84
Nußmuschel, Gefurchte 104
– Gemeine 103
– Gescheckte 106
– Zerbrechliche 105

Pandoramuschel,
 Ungleichschalige 163
Pantoffelschnecke 11
Pastetchen, Englisches 107
– Violettes 108
Pelikansfuß 61
Pergamentschnecke 54
Pfahlwurm, Norwegischer 173
Pfeffermuschel, Große 160
– Weiße 161
Pfriemschnecke 44
Pilgermuschel 183a
Pygmäenreuse 85b

Reisemantel 184
Reuse, Wandelbare 83
Röhrenmuschel 172
Rotmund 80
Rundmund, Blutroter 42
Runzelstern, Roter 41

Sandmuschel, Faröer- 148
– Flache 147
Scheidenmuschel 166
Schlitzmaul, Purpur- 100
– Vauquelins 101
Schotenmuschel 169
Schwalbenflügel 175

Schwertmuschel 164
– Gerade 165
Seenadel, Gemeine 165
Seekälbchen, Edwards 77
– Großes 76
– Korallen- 78
– Krauses 81
* Sipho de Jeffreys 92
Sonnenmuschel 167
– Weiße 168
Spindel, Zierliche 94
Spindelhorn 92
Stachelschnecke, Blainvilles 75
Steckmuschel, Gemeine 174
– * Kamm- 174
Steinbohrer, Runzliger 159
Steinchen 79
Steindattel 182
Strandauster 156
Strandschnecke, Dunkle 58
– Gemeine 57
– Kleine 59
– Stumpfe 56
Straubschnecke, Dreifarbene 97
– Elfenbein- 95
Stutzschnecke, Glatte 53

Täubchen, Schlichtes 88
– Gervilles Schrift- 89
– Schrift- 90
Tellmuschel, Dickschalige 142
– Dünnschalige 145
– Flache 143a
– Fleischrote 144
– Glänzende 143b
– Zerbrechliche 146
Teppichmuschel, Bohrende 137a
– Gewebte 135b
– Goldene 135a
– Kreuzmuster- 134
– Landkarten- 137b
– Rhombische 136
Thraciamuschel, Papierartige 162
Trapez, Kleines 121
Trapezmuschel, Gefurchte 119
– Gestreckte 120
Tritonshorn, Behaartes 71
– Knotiges 69
– Runzliges 70
Trogmuschel, Blaugraue 151
– Dickschalige 153
– Elliptische 154
– Gedrungene 152
– Längliche 155
Trophonshorn, Stachliges 82

Turban, Linierter 24
Turmschnecke, Gemeine 60
* Tyrrhenische Schelle 68

Ungarkappe 10

Venusmuschel, Braune 133
– Eiförmige 131
– Gebänderte 130
– * Häusliche 128
– Warzige 128
Vielzahn, Jussieus 40

Vogelei, Rotes 18
– Weißes 17

Wanzenschnecke 55
Wellhornschnecke 91
Wendeltreppe 46
Würfelturban 25
Wurmschnecke, Dreieckige 1
– Geballte 2

Zauberbuckel 27
Zweizahnmuschel, Runde 116
Zwiebelmuschel 193

Die Familien

a) Schnecken

Blasenschnecken, Bullidae 16
Bootsschnecken, Scaphandridae 16
Bündelschnecken, Fasciolariidae 28
Drechselschnecken, Acteonidae 28
Faßschnecken, Doliidae 24
Gitterschnecken, Cancellariidae 28
Helmschnecken, Cassididae 24
Hornschnecken, Buccinidae 28
Kappenschnecken, Capulidae 14
Kegelschnecken, Conidae 28
Kreiselschnecken, Trochidae 16
Lochschnecken, Fissurellidae 12
Meerohren, Haliotidae 16
Mondschnecken, Naticidae 20
Nadelschnecken, Cerithiidae 22
Napfschnecken, Patellidae 12
Pelikansfüße, Apporrhaidae 22
Porzellanschnecken, Cypraeidae 14
Randschnecken, Marginellidae 14
Reusenschnecken, Nassidae 26
Rissoschnecken, Rissoidae 22
Rundmundschnecken,
   Turbinidae 20
Schlitzmäuler, Turridae 28
Stachelschnecken, Muricidae 24
Stielchenschnecken, Eulimidae 20
Strandschnecken, Littorinidae 22
Straubschnecken, Mitridae 28
Stutzschnecken, Truncatellidae 22
Täubchenschnecken,
   Columbellidae 26
Tritonshörner, Tritonidae 24
Turmschnecken, Turritellidae 22
Wendeltreppen, Scalidae 20
Wurmschnecken, Vermetidae 12

b) Muscheln

Archenmuscheln, Arcidae 30
Astartemuscheln, Astartidae 32
Austern, Ostreidae 58
Bohrmuscheln, Pholadidae 52
Dreiecksmuscheln, Donacidae 40
Engelsflügel, Petricolidae 40
Feilenmuscheln, Limidae 58
Gienmuscheln, Chamida 34
Herzähnliche, Isocardiidae 32
Herzmuscheln, Cardiidae 34
Kamm-Muscheln, Pectinidae 56
Klaffmuscheln, Myidae 46
Lazarusklappern, Spondylidae 58
Messermuscheln, Solenidae 50
Miesmuscheln, Mytilidae 54
Mondmuscheln, Lucinidae 32
Nußmuscheln, Nuculidae 30
Pandoramuscheln, Pandoridae 48
Pfeffermuscheln,
   Scrobiculariidae 48
Röhrenmuscheln,
   Gastrochaenidae 52
Sandmuscheln, Asaphidae 42
Steckmuscheln, Pinnidae 52
Steinbohrer, Saxicavidae 48
Tellmuscheln, Tellinidae 42
Thraciamuscheln, Thraciidae 48
Trapezmuscheln, Carditidae 34
Trogmuscheln, Mactridae 44
Venusmuscheln, Veneridae 36
Vogelmuscheln, Pteriidae 54
Wurmmuscheln, Teredinidae 52
Zwiebelmuscheln, Anomiidae 58

Von der gleichen Autorin
als Band Nr. 95
der Hallwag Taschenbücher

Exotische Muscheln und Schnecken

64 Seiten, mit 25 Farbtafeln

Ein Bestimmungsbuch für Sammler und Liebhaber, das 243 verschiedene Arten vorstellt. Mit vielen praktischen Hinweisen, wie man die Schalen und Gehäuse am besten sammelt, ordnet und klassifiziert, und einer Übersichtskarte der geographischen Verbreitung der Weichtiere.

Hallwag
Taschenbücher

- 1 Unsere Vögel I
- 2 Unsere Vögel II
- 5 Unsere Bäume
- 6 Der Sportfischer
- 7 Schmetterlinge und Nachtfalter
- 8 Karte und Kompaß
- 9 Wetterkunde. Einführung in die Meteorologie
- 10 Pilze
- 12 Alpenblumen I
- 13 Alpenblumen II
- 14 Unsere Hunde
- 15 Baustilkunde
- 16 Chemie
- 19 Käfer und andere Insekten
- 20 Möbelstilkunde
- 21 Schnecken und Muscheln
- 22 Einführung in die Elektrotechnik
- 23 Wiesenblumen I
- 24 Wiesenblumen II
- 27 Waldblumen
- 28 Mikroskopieren
- 29 Unsere Sträucher
- 32 Besser fotografieren
- 33 Heilpflanzen
- 34 Tiere im Zoo
- 35 Moorpflanzen
- 36 Verkehrsflugzeuge
- 38 Zimmerpflanzen und ihre Pflege
- 41 Die Biene
- 42 Einführung in die Astronomie
- 45 Druckgraphik
- 49 Der Briefmarkensammler
- 54 Unsere Katzen
- 57 Muscheln am Meer
- 61 Kakteen
- 64 Berufslexikon für Mädchen (Schweiz)
- 66 Berufslexikon für Buben (Schweiz)
- 68 Schach für Anfänger
- 69 Das Atom als Energiequelle